코딩으로 지구정복

나혼자 끝내는 코딩 입문서
코딩으로 지구 정복

지은이 코인: 코딩하는 사람들
펴낸이 임상진
펴낸곳 (주)넥서스

초판 1쇄 발행 2019년 3월 12일
초판 4쇄 발행 2023년 4월 1일

출판신고 1992년 4월 3일 제311-2002-2호
주소 10880 경기도 파주시 지목로 5
전화 (02) 330-5500 팩스 (02) 330-5555

ISBN 979-11-89432-89-8 93000

출판사의 허락 없이 내용의 일부를
인용하거나 발췌하는 것을 금합니다.

가격은 뒤표지에 있습니다.
잘못 만들어진 책은 구입처에서 바꾸어 드립니다.

이 도서의 국립중앙도서관 출판예정도서목록(CIP)은
서지정보유통지원시스템 홈페이지(http://seoji.nl.go.kr)와
국가자료공동목록시스템(http://www.nl.go.kr/kolisnet)에서 이용하실 수 있습니다.
(CIP제어번호: CIP2019008048)

www.nexusbook.com

프로그래밍 초보자를 위한 **나혼자 끝내는 코딩 입문서**

코딩으로 지구정복

코인 : 코딩하는 사람들 지음

넥서스

이런 분이 읽으시면 좋습니다.

- 코딩 및 프로그래밍 관련 학과에 지원하려는데 기초가 필요하신 분
- 전공자는 아니지만, 코딩 및 프로그래밍에 관한 상식을 높이고 싶으신 분
- 개발자를 직업으로 삼을 것은 아니지만, 코딩을 한번 맛보고 싶으신 분
- 코딩을 배워야 하지만, 두꺼운 코딩 관련 서적에 낙담하신 분
- 기초부터 실전까지 코딩 관련 컨설팅 및 교육을 하고자 하시는 분
- 학교에서 학생들에게 코딩을 가르쳐야 할 의무가 생긴 선생님들

작가의 말

바야흐로 지구는 4차 산업혁명 시대입니다. 코딩으로 만든 자동차가 자율주행을 하고 인공지능 스피커는 말을 겁니다. 이 세상을 정복한 코딩, 궁금하시죠? 지금까지는 코딩을 알고 싶어도 그 과정이 막막했습니다. <코딩으로 지구정복>과 함께 코딩을 시작하세요. 코딩을 처음 접했을 땐, 코딩이 무엇인지 느껴보아야 합니다. 쉽고 재미있게, 코딩의 기초를 다지세요. <코딩으로 지구정복>은 여러분의 재미있는 코딩 친구가 되어 드리고 싶습니다. 코딩에 대한 호기심을 증폭시켜주고, 코딩에 대한 궁금증을 해결해주고, 코딩에 대한 재미있는 지식을 전달해줄 친구 말입니다. 자, 그럼 코딩으로 지구 정복을 향해 한 발짝 내디뎌 봅시다!

코인:코딩하는사람들
(김연, 김효진, 유형서, 이현경, 황수은, 황지수)

이 책의 구성 및 특징

 코기리 스토리

CODE로부터 시작된 코기리의 탄생 비밀을 통해 코딩 학습을 즐겁게 시작할 수 있도록 도와줍니다.

 쉽고 명쾌한 설명

각 프로그래밍 언어를 쉽고 간략하게 이해시켜주는 명쾌한 설명과 그림으로 코딩 초보자가 쉽게 학습할 수 있도록 구성되어 있습니다.

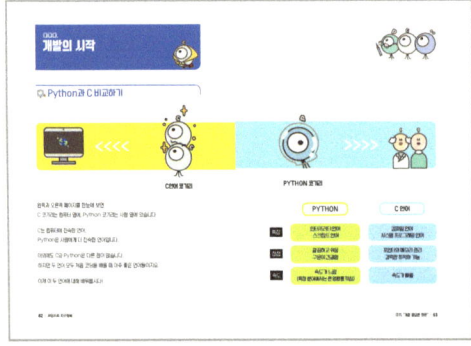
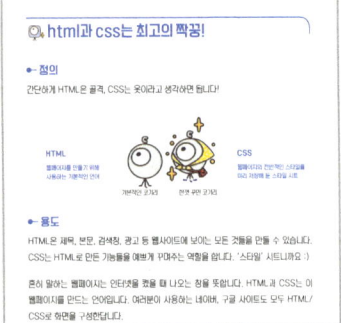

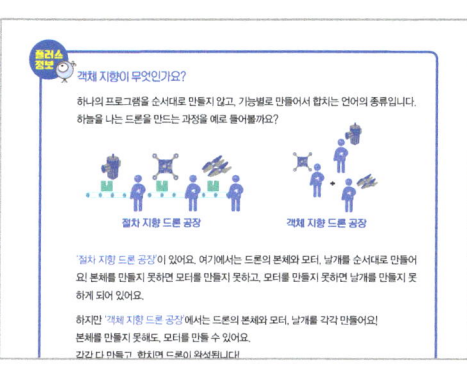

 플러스 정보

코딩 및 프로그래밍의 부가적인 용어를 쉽게 설명해주는 보너스 정보 코너로 소프트웨어 지식인에 한 걸음 더 다가갈 수 있습니다.

 실습하기 + 직접 해보기

실습하기와 직접 해보기를 통해 따라 하며 배우는 코딩 학습으로 기초부터 실전까지 탄탄한 기본 실력을 쌓을 수 있습니다.

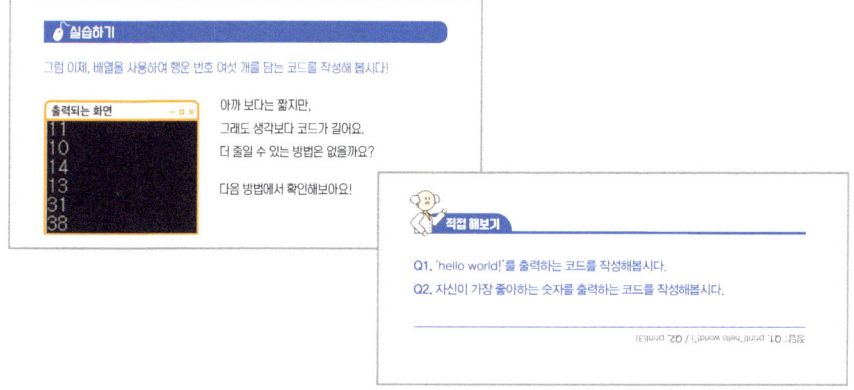

 쉬어가기

혼동되는 개념을 다시 한 번 정리해서 앞에서 배운 개념을 명확하게 정리해줍니다.

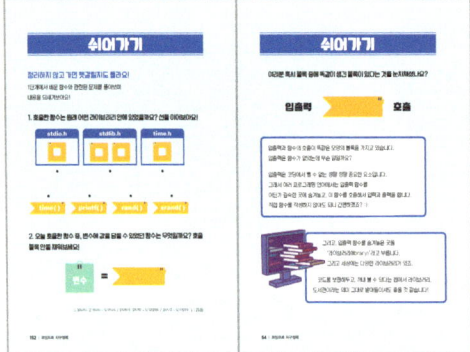

 QR코드 & 동영상

빠르고 쉽게 프로그램을 설치하고, 저자 직강 동영상을 통해 코딩으로 지구정복을 하는 그날까지! 즐겁게 학습할 수 있도록 도와줍니다.

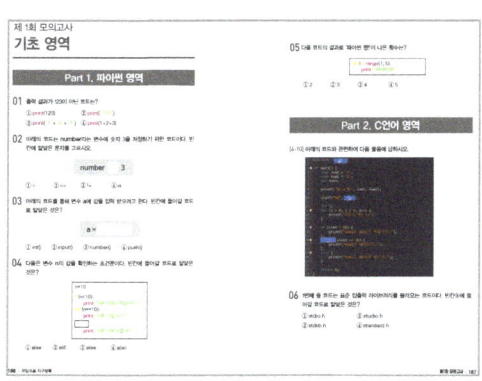

 **모의고사(1~3회)**

코딩 실전 모의고사와 정답 및 해설지를 통해 여러분의 파이썬과 C언어의 기초 실력을 테스트 해보세요!

 **무료 부가자료**

저자 직강 동영상 보러 가기
모의고사 정답보기

내가 바로 실시간 검색어 1위
python_IDE_설치하기(공통)
C_IDE_설치하기(윈도우용)
C_IDE_설치하기(맥OS용)
실습코드_python
실습코드_C언어

 넥서스 홈페이지에서
다운로드 하기
www.nexusbook.com

작가의 말

코기리 스토리

000 준비하기
코딩을 배우려면요

000 체크 리스트

001 다양한 언어 알아보기
많은 선택과

000 프로그래밍 언어의 정의
컴퓨터와 대화하려면?	•024
코딩 vs. 프로그래밍	•025

001 프로그래밍 언어의 종류
컴퓨터 언어의 종류는 몇 개나 될까?	•026
나에게 맞는 코딩 언어는 뭘까?	•027
코딩의 C작, C언어	•028
인생은 너무 짧으니 파이썬이 필요해	•029
자바를 잡자!	•030
언어의 이름과 로고에 숨겨진 비밀	•031
html과 css는 최고의 짝꿍	•032
내가 바로 실시간 검색어 1위!	•033
자바스크립트	•034
플러스 알파 정보: 기계어	•035

010 언어 구조 파헤치기
노력이 필요하지만

000 블록 뜯어보기
블록 소개	•040
입출력	•042
변수	•044
배열	•046
조건문	•048
반복문	•050
함수 그리고 호출	•052

001 블록 조립하기
C 리얼 코드 뷰	•056
Python 리얼 코드 뷰	•057

011 실전 개발하기
가장 중요한 것은

000 개발의 시작
Python과 C 비교하기 · 062
IDE 설치하기 · 064
계산기는 어떻게 만들까요 · 066

001 Python 계산기
1단계: 원하는 값을 출력하기 · 068
2단계: 변수 사용하기 · 072
3단계: 원하는 값을 입력하기 · 077
4단계: 조건문으로 원하는 연산 실행하기 · 082
5단계: 원하는 만큼 반복하기 · 088

010 Python 행운 번호 추첨기
1단계: 1부터 45까지 랜덤값 하나 뽑기 · 096
2단계: 중복 없이 6개의 숫자 뽑기 · 101
3단계: 크기순으로 뽑은 숫자 정렬하기 · 103

011 C언어 계산기
1단계: 원하는 값 출력하기 · 111
2단계: 변수랑 놀기 · 119
3단계: 숫자 입력하기 · 123
4단계: 조건 확인하기 · 130
5단계: 원하는 만큼 계산 반복하기 · 137

100 C언어 행운 번호 추첨기
1단계: 랜덤값 뽑아보기 · 148
2단계: 1부터 45 사이의 랜덤값 뽑아보기 · 153
3단계: 1부터 45 사이의 랜덤값 6개 뽑아보기 · 156

100 코딩으로 지구 정복
직접 해보는 것이에요

000 인공지능 · 172
001 자율주행 자동차 · 174
010 피지컬 컴퓨팅 · 176
011 IoT · 178
100 VR/AR · 180
101 클라우드 컴퓨팅 · 182

모의고사

마치면서

목차의 비밀

여러분, 목차를 읽으면서 뭔가 이상한 점이 있지 않았나요?
목차를 한번 살펴보아요!

- **000 코딩을 배우려면요**
- **001 많은 선택과**
- **010 노력이 필요하지만**
- **011 가장 중요한 것은**
- **100 직접 해보는 것이에요**

000부터 시작하는 건 알겠는데, 001 다음에 왜 010이 나올까요?

이것은 '이진법'입니다.

우리가 보통 사용하는 '십진법'은 한 자리에 0부터 9까지 나타낼 수 있지만, 컴퓨터가 사용하는 '이진법'은 한 자리에 0과 1만 나타낼 수 있어요.

※ 35쪽의 기계어 설명을 참고하세요!

십진법에서는 한 자리가 9를 넘어야 위로 자리 올림을 하지만, 이진법에서는 한 자리가 1을 넘으면 자리 올림을 합니다. 즉 001 다음에 바로 자리를 올린 010이 나오는 것이죠!

우리의 목차는 컴퓨터와 같은 이진법으로 만들어진 것이었답니다!

코기리의 탄생 비밀

앞으로 책에서 함께할 '코기리'라는 캐릭터의 탄생 비밀을 알아볼까요?

사실 코기리 캐릭터는 CODE(코드)라는 단어에서 만들어졌어요.
위에서부터 C는 눈썹, O는 눈, D는 입, E는 다리랍니다!

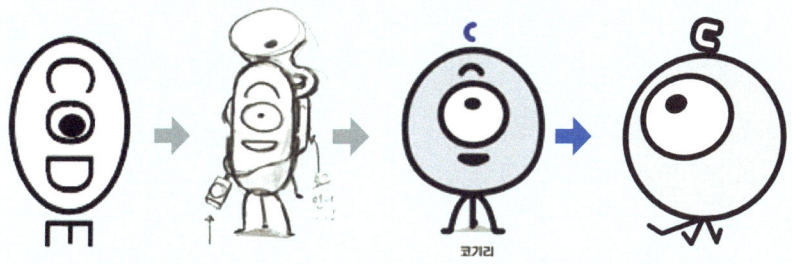

어때요, 놀라운 비밀이죠?
이제 이 귀여운 코기리와 함께 CODE의 세계로 떠나보아요~

코끼리 스토리

컴컴한 우주에 파랗게 빛나는 행성, '지구'입니다.
아주 아름답고, 평화로운 행성이죠.

어느 날, 지구에 반짝이는 물체가 나타났어요.
물체들은 각 대륙에 하나씩 자리 잡기 시작했죠.

일주일에 한 번, 짧게는 하루 한 번,
반짝이는 물체에서 정체 모를 물건들이 내려왔어요.

정체 모를 물건들은 스스로 사람들에게 도움이
되는 일들을 하기 시작했어요.

연구진들은 곧바로 물체의 기술을 연구했지만, 물체들의 메모리에는 처음 보는 언어들이 적혀있어 그 의미를 알 수 없었어요.

물건들은 계속 내려오고,
원리는 알 수 없었지만
물체들은 계속 알아서
일을 했죠.
사람들은 생각했어요.

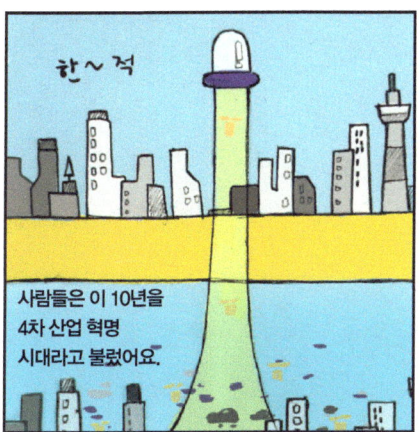

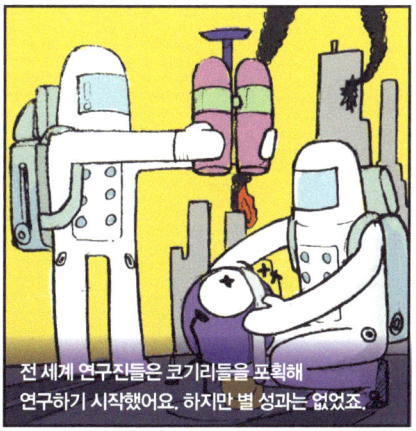

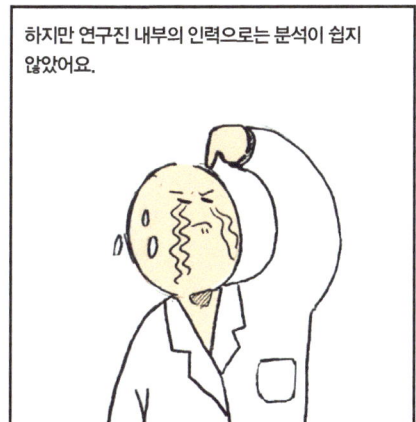

그동안 코딩을 배워야지 했던 생각만 수십 번,

생각을 실행하기에는 그 문턱이 높게만 느껴졌습니다.

하지만 생각보다 거창한 준비는 필요하지 않습니다.

다음 장의 체크리스트를 보며 필요한 준비물을 확인해 봅시다.

코딩으로 지구정복, 이제 시작해볼까요?

"코딩을 배우려면요"

000 체크리스트

체크 리스트

준비물을 잘 챙겼는지 체크해보세요!

- ☐ <코기리 스토리> 읽기
- ☐ 연필 한 자루
- ☐ 열린 마음
- ☐ <코딩으로 지구정복>
- ☐ 컴퓨터 / 노트북

준비가 다 되었다면, 시작해볼까요?

이제,
코딩으로
지구정복
슝슝 ~

한국어, 중국어, 일본어, 영어 등.
세상에 몇천 개의 언어가 있듯이 컴퓨터 세상에도 다양한 언어가 있습니다.
프로그래밍 언어의 정의와 대표적인 프로그래밍 언어 5개를 살펴보며
코딩의 세계에 첫발을 내디뎌 봅시다. 여러분이 가장 사랑하는 언어는?

다양한 언어 알아보기
001

"많은 선택과"

000 프로그래밍 언어의 정의

001 프로그래밍 언어의 종류

프로그래밍 언어의 정의

컴퓨터와 대화하려면?

사람과 사람이 대화하기 위해 언어가 필요한 것처럼,
사람과 컴퓨터가 대화하기 위해서도 언어가 필요합니다.

하지만 컴퓨터는 사람의 언어를 알아듣지 못합니다.
컴퓨터는 바보이니까요.

그래서 우리는 컴퓨터가 알아들을 수 있는 언어, 즉 프로그래밍 언어를 사용해야 합니다.
우리는 똑똑하니까요!

우리는 이제 컴퓨터와 이야기하기 위해 프로그래밍 언어를 배울 것입니다.

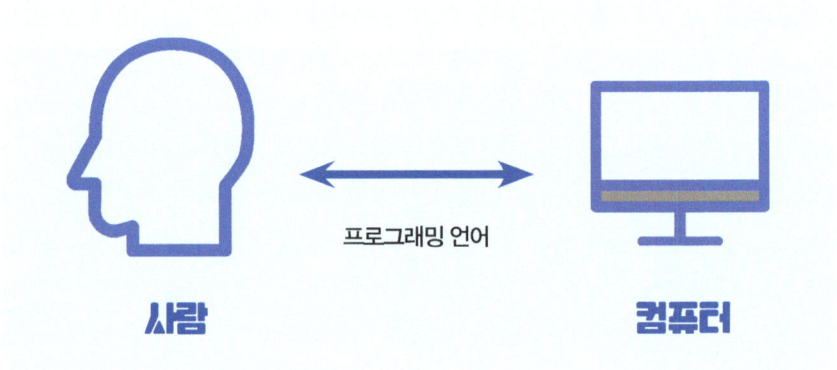

코딩 vs. 프로그래밍

코드는 프로그래밍 언어로 작성한 명령입니다.
코드를 작성하는 것을 '코딩(code+ing)'이라고 합니다.

여러 기능을 하는 코드들이 모여, 하나의 프로그램을 완성합니다.
프로그램을 만드는 모든 과정을 '프로그래밍'이라 합니다.

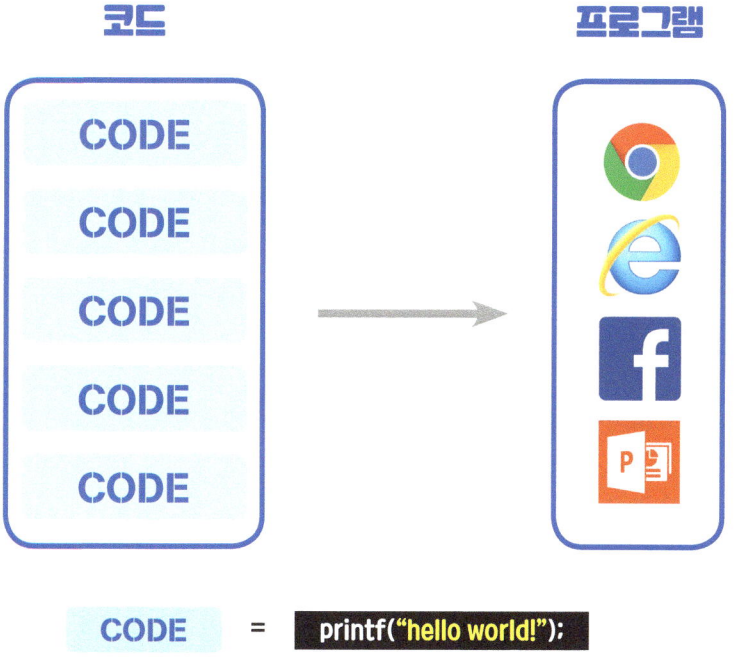

인터넷 익스플로러, 페이스북 애플리케이션, 마이크로소프트 오피스, 파워포인트, 제어판, 윈도우 방화벽 모두 '코드'로 구성된 '프로그램'입니다.

001 프로그래밍 언어의 종류

컴퓨터 언어의 종류는 몇 개나 될까?

프로그래밍 언어는 수백 가지가 넘는 종류가 있습니다.

C, C++, C#처럼 비슷한 이름을 가진 언어들도 있고,
PHP, Python, Ruby처럼 비슷한 기능을 할 수 있는 언어들도 있죠.

그중 가장 잘 알려져 있고 가장 많이 쓰이는
다섯 가지의 프로그래밍 언어에 대해 알아보도록 할까요?

여러분이 알고 있는 프로그래밍 언어에는 어떤 것이 있을까요?

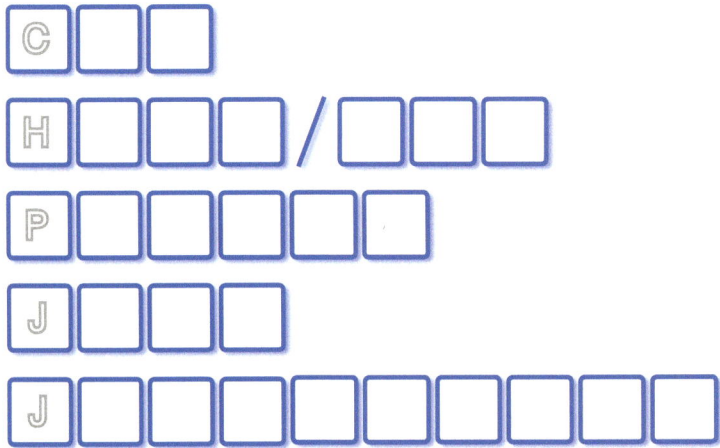

나에게 맞는 코딩 언어는 뭘까?

여러분이 코딩으로 하고 싶은 일을 골라,
사다리 타기를 시작해보세요!

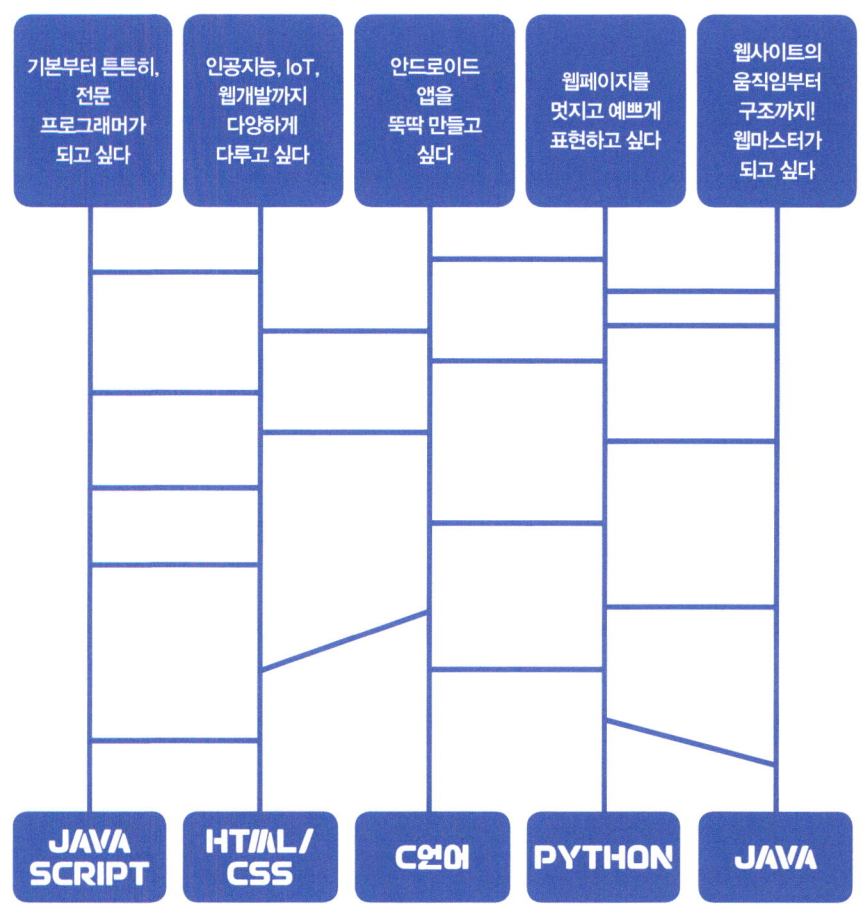

**이제, 이 다섯 가지 언어에 대해 알아볼 거예요.
여러분이 선택한 언어를 좀 더 집중해서 살펴보세요!**

코딩의 C작, C언어

• 정의
모든 컴퓨터 시스템에서 거의 모든 것을 개발할 수 있는 언어

• 특징
C언어는 오랫동안 가장 인기 있는 언어입니다.
대부분의 컴퓨터학과 전공생들은 C언어부터 공부합니다.
하지만 C언어는 인간보다는 컴퓨터에 친숙한 언어라서 조금 복잡합니다.

• 용도
C언어는 하드웨어, 시스템에 명령하기 매우 좋습니다.
응용 프로그램, 운영 체제, 웹 서버, 데이터베이스, 하드웨어 제어 등 거의 모든 것을 개발할 수 있습니다. 여러분의 컴퓨터에 설치된 윈도우 10도 C언어로 만들어졌습니다.

혹시 C++, C#에 대해 들어보셨나요?

C언어는 프로그래밍 언어의 기초 골격을 갖추고 있기 때문에, 여러 기능을 추가하여 새로운 언어로 확장될 수 있습니다.

C++과 C#이 대표적인 예시입니다.

네모 칸을 채워보세요! 모두 같은 기호입니다.
C에 기능을 더하고 더하면?

 C

C에 기능을 더하고 더하고 더하고 더하면?

 C

+ : 답정

인생은 너무 짧으니 파이썬이 필요해

● 정의

가볍고, 쉽고, 빠르고, 강력한,
이것저것 하고 싶은 것 다 할 수 있는 만능 언어!

● 특징

파이썬은 사람의 언어와 매우 비슷한 언어입니다.
위의 C언어와 달리, 코드를 작성하는 것도 코드를 읽기도 쉽고 간결하며
마치 영어를 읽는 듯한 느낌으로 코드를 읽어내려갈 수 있습니다.

Python 코드

```
if(a>3):
    print("hello")
```

→ 영어로 풀어쓰면? If a is bigger than 3, print, "hello."

→ 한국어로 풀어쓰면?

정답: 만약 a가 3보다 크다면, hello를 출력하라.

이렇듯 파이썬은 영어나 한국어처럼 사람의 언어와 같은 방식으로 작성되기 때문에
읽기도 쉽고 쓰기도 쉽습니다.

● 용도

그렇다면, 파이썬으로 할 수 있는 일에는 무엇이 있을까요?

| 파이썬 | 게임 인공지능 웹사이트 데이터 분석 영상처리 |

위와 같이 다양한 일을 할 수 있습니다!

자바를 잡자!

•― 정의

객체 지향 프로그래밍 언어의 대명사!

플러스 정보 ― 객체 지향이 무엇인가요?

하나의 프로그램을 순서대로 만들지 않고, 기능별로 만들어서 합치는 언어의 종류입니다.
하늘을 나는 드론을 만드는 과정을 예로 들어볼까요?

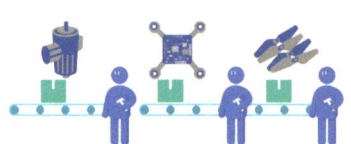
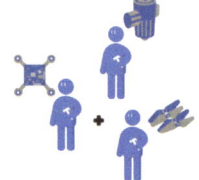

절차 지향 드론 공장   **객체 지향 드론 공장**

'절차 지향 드론 공장'이 있어요. 여기에서는 드론의 본체와 모터, 날개를 순서대로 만들어요! 본체를 만들지 못하면 모터를 만들지 못하고, 모터를 만들지 못하면 날개를 만들지 못하게 되어 있어요.

하지만 '객체 지향 드론 공장'에서는 드론의 본체와 모터, 날개를 각각 만들어요!
본체를 만들지 못해도, 모터를 만들 수 있어요.
각각 다 만들고, 합치면 드론이 완성됩니다!

•― 장점

복잡한 프로그램을 만들기 편리합니다. 객체 지향 언어이기 때문에, 프로그램의 다양한 기능들을 각각 만든 후 합치기 쉽습니다. 또한, 한 번 만든 기능을 다시 사용할 수도 있어 여러 가지 프로그램에 응용하기 좋습니다.

- **용도**

객체 지향성을 이용하여 이미 다른 사람들이 만들어 놓은 '댓글 기능'과 '사진 올리기 기능', '로그인 기능' 등을 각각 가져와서 합치면 페이스북, 인스타그램 같은 앱도 쉽게 만들 수 있습니다.

언어의 이름과 로고에 숨겨진 비밀

C언어는 Computer의 C를 따온 것이 아니다.

C언어는 프로그래밍 언어의 C조새입니다. 무려 50년 전, A언어, B언어에 이어서 개발되었습니다. 그래서 C언어로 불립니다.

C언어

파이썬 로고는 뱀이다. 왜?

파이썬이라는 이름은 파이썬 개발자가 좋아하는 "Monty Python's Flying Circus"라는 코미디 쇼에서 따왔다고 합니다. 그리고 파이썬의 로고는 +가 아니라 뱀 두 마리입니다. 고대 신화 속, 파르나소스 산의 동굴에 살던 뱀의 이름이 PYTHON(파이썬)이었다고 하네요!

Python

자바의 로고는 커피다. 왜?

자바는 커피가 유명한 인도네시아의 섬입니다. 자바의 개발자가 자바산 커피를 좋아해서 JAVA라고 이름 지었다는 설이 있습니다. 덧붙여 JavaScript와 JAVA는 이름만 비슷할 뿐, 전혀 다른 언어입니다.

JAVA

이렇듯 언어의 이름과 로고는 생각보다 대충 지은 것이 많습니다.

html과 css는 최고의 짝꿍!

•─ 정의

간단하게 HTML은 골격, CSS는 옷이라고 생각하면 됩니다!

HTML
웹페이지를 만들기 위해
사용하는 기본적인 언어

기본적인 코기리

CSS
웹페이지의 전반적인 스타일을
미리 저장해 둔 스타일 시트

한껏 꾸민 코기리

•─ 용도

HTML은 제목, 본문, 검색창, 광고 등 웹사이트에 보이는 모든 것들을 만들 수 있습니다. CSS는 HTML로 만든 기능들을 예쁘게 꾸며주는 역할을 합니다. '스타일' 시트니까요 :)

흔히 말하는 웹페이지는 인터넷을 켰을 때 나오는 창을 뜻합니다. HTML과 CSS는 이 웹페이지를 만드는 언어입니다. 여러분이 사용하는 네이버, 구글 사이트도 모두 HTML/CSS로 화면을 구성한답니다.

* 엄격히 따지면 HTML과 CSS는 프로그래밍 언어가 아니라 내용을 화면에 보여주는 언어입니다.
 (중요한 건 아니니까 참고만 하세요!)

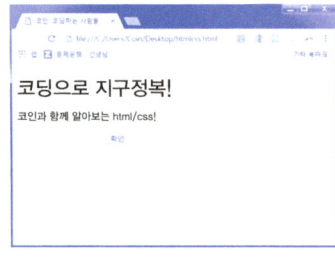

▶ HTML로만 만든 웹사이트

▶ HTML과 CSS로 만든 웹사이트

내가 바로 실시간 검색어 1위!

▶ 동영상 바로 가기

●─ HTML / CSS 실습하기

우리가 정말 많이 쓰는 포털사이트 네이버 또한 HTML/CSS로 만들어진 웹사이트입니다. 이제 네이버 실시간 검색어 1위를 마음대로 바꿔 볼까요?

아래 3가지 방법으로 실습할 수 있어요.
1. QR 코드로 접속하셔서 "11강. 내가 바로 실시간 검색어 1위 (HTML/CSS)" 동영상을 시청하세요.
2. 넥서스 홈페이지에서 부가자료 "내가 바로 실시간 검색어 1위.pdf"를 다운로드 하세요.
3. 유튜브에서 "코딩으로 지구정복"을 검색하여 11강 동영상을 시청하세요.

아래처럼 포토샵 없이 여러분의 이름을 실시간 검색어 1위로 만들어보세요.

다음 빈칸을 자유롭게 채워주세요!

자, 자바스크립트!

정의

웹페이지를 움직이게 만드는 동적 프로그래밍 언어

활용

우리가 방문하는 거의 모든 웹사이트에 자바스크립트가 사용되고 있습니다. 웹페이지 안의 내용이 변하고 움직인다면 그것이 바로 자바스크립트!

하지만 자바스크립트는 단순히 움직이는 웹 페이지를 만드는 데에 그치지 않고, 서버 개발, 게임, 모바일 앱, 데스크톱 앱 제작, 데이터베이스 관리 등 다양한 활용이 가능합니다.

> **플러스 정보**
>
> ### 정적? 동적?
>
> 정적으로 만들어진 웹 페이지는 모든 사용자가 정지된 화면을 봅니다. 하지만, 동적으로 만들어진 웹 페이지는 사용자의 반응에 따라 변하는 화면을 봅니다. 예를 들어, 네이버 메인 페이지는 동적으로 만들어졌습니다. 더 보기를 누르면 모든 서비스가 보이고, 접기를 누르면 사라집니다.
>
>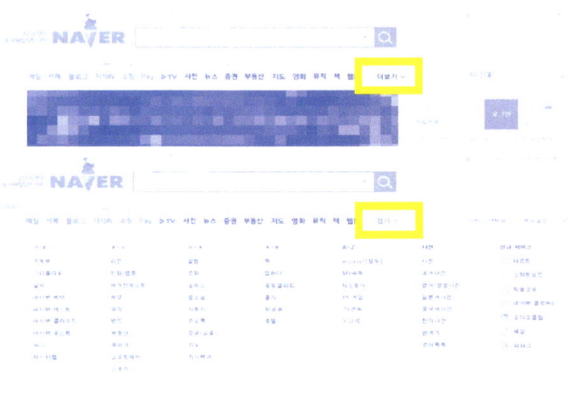
>
> ▶ Javascript가 쓰인 웹사이트

 ## 기계어

● 정의

컴퓨터가 알아들을 수 있는 코드

● 특징

컴퓨터는 바보라서, 사람의 말을 바로 알아듣고 처리할 수 없습니다.
그럼, 어떤 말을 알아들을까요? 컴퓨터의 말, 바로 기계어입니다.
아래는 기계어로 HELLO WORLD를 나타낸 것입니다.

HELLO WORLD
01001000 01100101 01101100 01101100 01101111 00100000 0101011
01101111 01110010 01101100 01100100

● 용도

기계어는 0과 1로만 이루어져 있어요. 사실 컴퓨터는 0과 1밖에 모르는 바보이지요. 바보 같은 컴퓨터에 말을 걸기 위해 이런 문장을 작성해야 한다니, 끔찍하죠?

컴퓨터에 말을 걸기 위해 기계어가 필요하지만, 사실 여러분이 직접 기계어를 사용하실 일은 없을 것입니다. 만약, C, Java, python 같은 프로그래밍 언어로 코드를 작성하면, 특정 프로그램들이 이를 기계어로 바꾸어서 컴퓨터에 전달해주거든요!

그래서, 어떤 언어로 시작해야 하지?

Q. 이렇게나 많은 언어가 있다니 몰랐어요.

그런데 저는 코딩을 한 번도 배워본 적이 없는데,
저는 도대체 어떤 언어로 시작해야 하나요?

A. C와 Python이 대표적인 입문용 언어입니다.

많은 사람이 C언어를 선택합니다.
조금 어려울 수 있지만, C언어로 기초를 다지고 나면
다른 언어를 배우는 것이 편해지기 때문입니다.

쉽고 간단한 Python도 인기입니다.
사람의 언어 구조와 비슷해 입문자가 이해하기 쉽고
다양한 분야에 활용할 수 있기 때문이죠.

그래서 〈코딩으로 지구정복〉도 C와 Python을 담았습니다.

먼저, C언어와 Python을 포함한 모든 프로그래밍 언어의
공통 구조를 이해해 보아요!

가장 알맞은 짝을 찾아보세요!

▶정답 확인

- **C언어** • — • 카카오톡, 페이스북 같은 앱을 만들 수 있는 언어

- **PYTHON** • — • 웹사이트를 만드는 기본적인 언어

- **JAVA** • — • 쉽고, 빠르고, 간편하고, 강력한 언어 인간 중심적인 언어

- **HTML/CSS** • — • 가장 오랫동안 인기 있는 언어 가장 기초적인 언어

- **JAVASCRIPT** • — • 웹 페이지를 동적으로 꾸밀 수 있는 언어

한국어와 일본어의 구조가 비슷하고, 영어와 스페인어의 구조가 비슷하듯이,

프로그래밍 언어에도 공통되는 기본 구조가 있습니다.

블록과 함께 테트리스 하는 기분으로 기본을 쉽고 탄탄하게 다져봅시다.

준비물은 이 책과 연필입니다.

언어 구조 파헤치기
010

"노력이 필요하지만"

000 블록 뜯어보기

001 블록 조립하기

블록 뜯어보기

블록 소개

우리가 배울 블록은
총 6가지입니다!

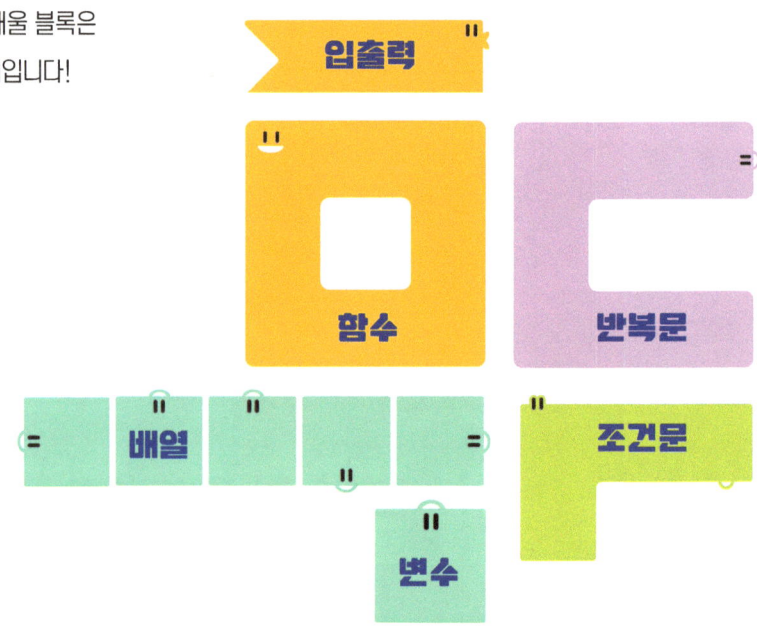

이 단원에서는 프로그래밍 언어의 공통 구조를 코드가 아닌 블록으로 설명합니다.
왜 그럴까요?

첫째, 코딩을 처음 배우는 사람들이 개념을 쉽게 이해할 수 있습니다.
둘째, 복잡한 결과물도 사실은 단순한 블록들로 이루어져 있다는 것을 느낄 수 있습니다.
셋째, 블록 쌓기처럼 순서대로 코드를 읽으면 좋습니다.

프로그래밍은
입출력, 변수, 배열, 조건문, 반복문, 함수 이렇게 6가지만 알면 시작할 수 있습니다.

각각의 블록이 모이면 하나의 결과물이 됩니다.
마찬가지로 각각의 코드가 모이면 하나의 프로그램이 됩니다.
자, 이제 블록을 하나씩 뜯어 볼까요?

입출력

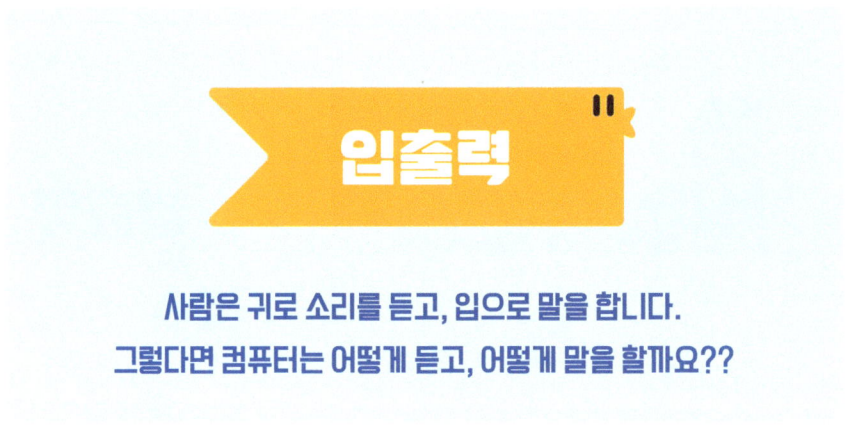

사람은 귀로 소리를 듣고, 입으로 말을 합니다.
그렇다면 컴퓨터는 어떻게 듣고, 어떻게 말을 할까요??

입출력은 입력과 출력을 합친 말입니다. 컴퓨터에서의 입력과 출력이란 무엇일까요?

입력이란, 컴퓨터가 여러분의 정보를 받는 것입니다. 키보드로부터 글자라는 정보를 받는 것, 마우스로부터 클릭이라는 정보를 받는 것이 모두 입력의 예시입니다.

출력이란, 컴퓨터가 여러분에게 정보를 주는 것입니다. 스피커로 소리라는 정보를 들려주는 것, 모니터로 그림이라는 정보를 보여주는 것 모두 출력의 예시입니다.

입출력은 로그인 창에서도 만날 수 있습니다.

우리가 저 네모난 칸에 아이디와 비밀번호를 입력하면,
컴퓨터는 그 입력값(아이디와 비밀번호)이 맞는지 틀리는지 결과를 출력해줍니다.

그렇다면 코딩에서 입력과 출력의 의미는 무엇일까요?

우리는 코드를 작성하여 사용자가 '입력'할 수 있게 하고,
코드를 작성하여 컴퓨터가 화면에 결과를 '출력'할 수 있게 합니다.

여러분은 컴퓨터에 무엇을 입력하여 무엇을 출력하게 하고 싶나요?

 변수

**변수는 값을 담는 그릇입니다.
그럼, 한 번 값을 담으면 영영 못 바꾸게 되는 걸까요?**

 코기리의 나이는 몇 살일까요? 코기리는 어느덧 2살이 되었답니다. 우리는 코기리의 나이를 담는 그릇을 만들고 싶어졌어요. 그런데, 코기리가 영영 2살이지는 않을 텐데, 3살이 되면 어쩌죠? 그릇에 담긴 값을 바꿀 수는 없을까요?

변수는 숫자, 문자, 문장 등 다양한 형태의 값을 담을 수 있는 그릇입니다.
하지만 그릇이 모두 똑같이 생겼다면 어떤 그릇에 어떤 값을 넣었는지 알 수 없겠지요?
그래서 우리는 변수에 이름을 붙여 구별합니다.

값 ←	현경	JISU	2
변수이름 ←	name1	name2	age

변수의 이름은 영어와 숫자, 언더바(_)로만 지어줍니다. 하지만 변수 안의 값은 한글, 숫자, 영어, 기호 모두 가능합니다.
그럼, 코기리의 나이를 담은 변수를 만들어보겠습니다.

먼저 변수의 이름을 설정해주세요.
저는 kogiri_age로 설정하겠습니다.
(변수 이름은 변수의 성격을 나타내는 이름을 많이 써요!)

코기리는 2살이니 kogiri_age 변수에 2를 담아주겠습니다.
그런데 1년이 지난 후 코기리가 3살이 되면 어떡하죠?
다행히도 변수의 값은 바꿀 수 있습니다.

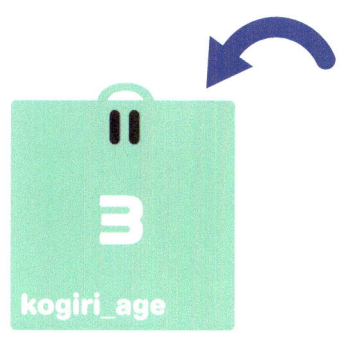

변수에 다시 3을 담아주면, 원래 있던 값이 없어지고 새로운 값이 들어갑니다.

짜잔~
kogiri_age 변수의 값이 3으로 바뀌었어요.
하지만, 변수의 이름 자체는 바꾸지 못한다는 것, 기억하세요!

 배열

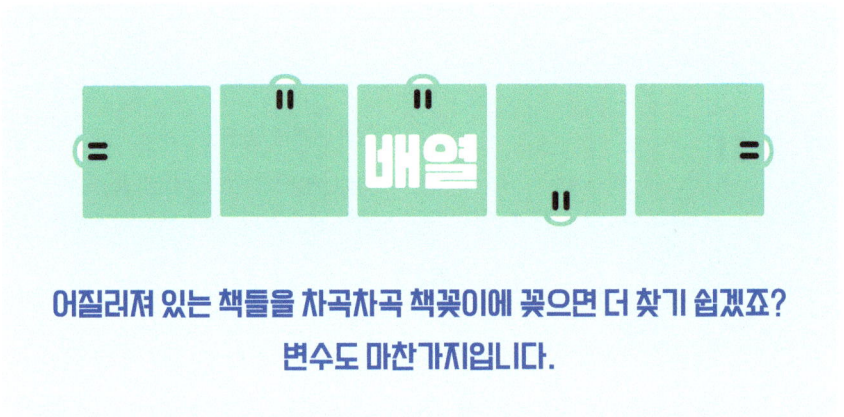

배열은 비슷한 모양의 변수들을 정리한 것입니다.

어질러져 있는 책들이 변수라고 생각한다면,
배열은 책을 차곡차곡 책꽂이에 꽂아 넣은 것으로 생각하면 됩니다.
그리고 우리는 배열에도 이름을 붙여줍니다.

배열을 사용하지 않고 지원, 지수, 수재, 건호의 나이를 각각 변수에 담아준다면,
이렇게 되겠죠?

하지만, 지원의 나이를 가져오기 위해선 jiwon_age,
수재의 나이를 가져오기 위해선 soojae_age라는 변수 이름을 모두 쳐야 해서
너무 어려운 것 같아요. 이제 배열을 이용해서 쉽게 만들어 볼게요.

변수들을 배열 안에 정리하고, 배열에 이름을 붙여줬어요.

모든 변수가 '나이(age)'라는 공통적인 특징을 갖기 때문에
배열의 이름은 age로 정해줬어요.

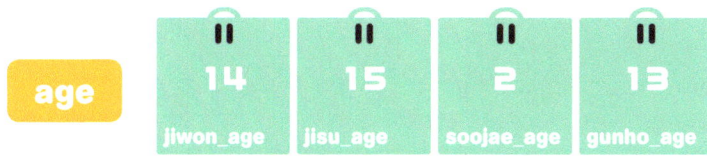

배열에 이름을 붙여줬기 때문에 변수들의 이름은 필요가 없어요.
대신 배열의 '몇 번째 값'이라고 부릅니다.

이때, 컴퓨터는 1번째부터 시작하지 않고 0번째부터 시작한다는 것만 주의하면
배열에 대한 개념은 끝!

예시에서는 4개의 변수만 담았지만,
실제 코딩을 할 때는 더 많은 변수를 만들어야 하는 경우가 있습니다.

이때, 배열을 이용한다면 많은 변수를 한꺼번에 만들 수 있어 아주 유용하답니다!

조건문

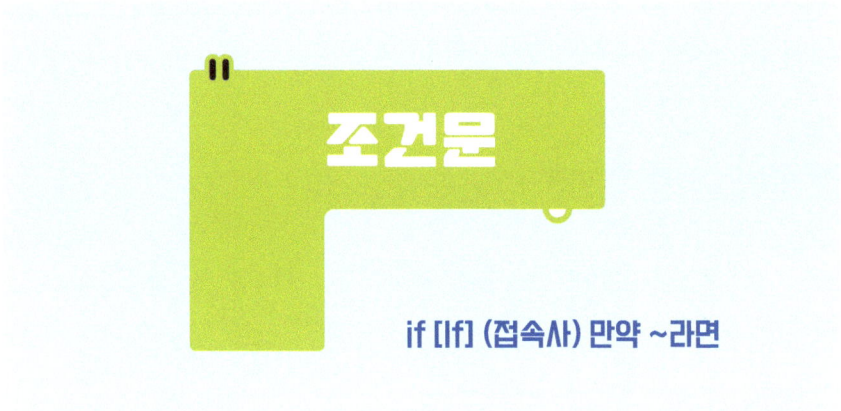

if [If] (접속사) 만약 ~라면

사실, 컴퓨터는 바보입니다.
사람과 다르게 직관에 의한 판단을 하지 못합니다.
정확한 조건에 의해서만 동작하죠. 그래서 조건문은 꼭 필요합니다.
아래에서 벽을 통과할 수 있는 코기리는 어떤 코기리 일까요?

여러분들은 모두 세모 코기리만이 벽을 통과할 수 있다는 걸 알아챘을 것입니다.
하지만 컴퓨터는 바로 알아채지 못한답니다.

정확한 "조건"을 통해 알려주어야 하죠.

"세모 모양인 코기리만 벽을 통과할 수 있다."라는 것을 컴퓨터에게 직접 알려줘야 합니다. 이렇게요.

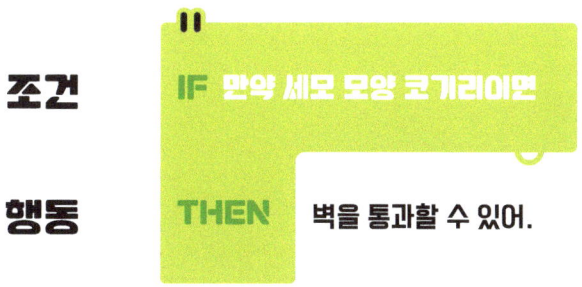

이렇게 친절하게 말을 해줘야만 컴퓨터가 알아듣는답니다.

코기리가 세모 모양이면 벽을 통과할 수 있고, 세모 모양이 아니면 집에 가라고 하고 싶으면 어떻게 해야 할까요?
맞아요, 컴퓨터에 조건을 알려 주면 됩니다!

이처럼 컴퓨터에 조건에 따른 행동을 알려주는 것이 조건문의 역할입니다.

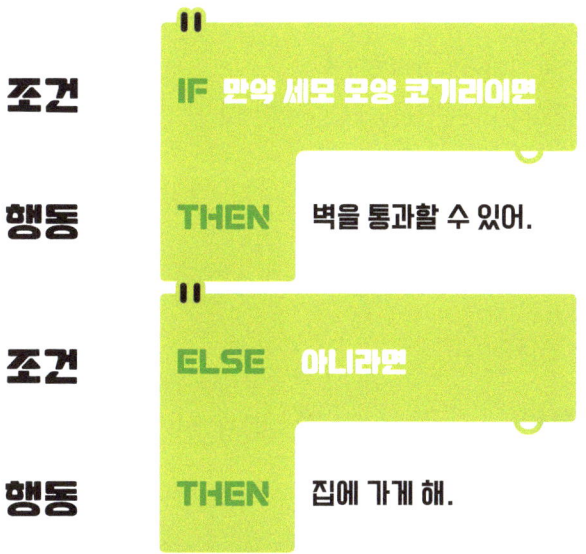

반복문

컴퓨터야, 깜지 100번을 써줘!
똑같은 일을 여러 번 반복해야 할 때,
컴퓨터에 맡겨주세요!

다음 빈칸에 여러분의 이름을 10번 적어주세요.

만약 이름을 100번 적어 달라고 부탁했다면
힘들고, 귀찮고, 시간이 오래 걸려서 하기 싫으셨을 거예요.

컴퓨터는 이렇게 사람이 하기 힘든 반복적인 일을 반복문을 사용하여
뚝딱뚝딱 해낸답니다.

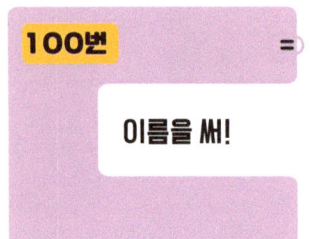

이렇게 반복할 횟수와 반복할 행동을 알려주면,
컴퓨터는 뚝딱 해낸답니다.

하지만, 컴퓨터는 바보라 100번! 이라고만 말하면 어떻게 100번을 세야 하는지 몰라요. 그래서 조건문을 사용해 1번 수행할 때마다 횟수를 세고 100번인지 확인합니다. 자세히 알아볼까요?

반복문은 이렇게 안에 조건문을 품고 있고, 조건문을 이용해서 반복 횟수를 확인합니다.

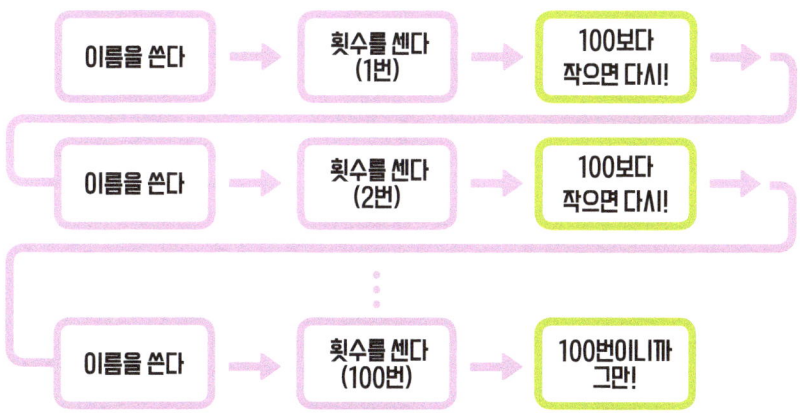

단순 반복되는 일들은 이제 컴퓨터에 맡기세요!

함수 그리고 호출

자주 쓰는 코드를 여러 번 쓰기
귀찮을 때는 어떻게 해야 할까요?
메모장에 저장하고
계속 복사 붙여넣기를 할까요?

여러분 앞에서 나온 코끼리 스토리는 재밌게 읽으셨나요? 그러면 여기서 문제! 코끼리 스토리에 코끼리는 몇 번이나 나올까요? 정답은 바로 18번입니다.

그런데 코끼리가 등장할 때마다 코끼리를 그린다면,
똑같은 작업을 18번이나 해야 한다는 뜻이 될 것이에요.
그래서 우리 디자이너는 코끼리를 그려 놓은 뒤,
코끼리가 필요할 때마다 가져와서 코끼리를 넣었답니다!

코딩할 때도 마찬가지입니다.
자주 사용되는 코드는 따로 저장한 후 필요할 때마다 꺼내 쓴답니다.

이렇게 따로 저장한 코드를 '함수'라고 하고,
필요할 때마다 꺼내 쓰는 행위를 '호출'이라고 합니다.

이런 함수 안에는 여러 가지 내용을 넣을 수 있습니다.

반복되는 내용을 담은 함수를 호출할 수도 있고, 덧셈, 뺄셈하는 함수를 만들어 호출할 수도 있습니다.

자, 그럼 함수를 만들어볼까요?

코기리를 그려 달라는 코기리 함수를 만들었어요!
그럼 호출도 해볼까요?

이렇게 코기리 함수를 호출하면 코기리 함수 안에 있는 내용을 불러올 수 있습니다.

"코기리를 그려줘!"
이렇게 하면 코기리가
그려지겠죠? 짠~

쉬어가기

여러분 혹시 블록 중에 똑같이 생긴 블록이 있다는 것을 눈치채셨나요?

입출력  호출

입출력과 함수의 호출이 똑같은 모양의 블록을 가지고 있습니다.
입출력은 함수가 없었는데 무슨 일일까요?

입출력은 코딩에서 뺄 수 없는 정말 정말 중요한 요소입니다.
그래서 여러 프로그래밍 언어에서는 입출력 함수를
어딘가 깊숙한 곳에 숨겨놓고, 이 함수를 호출해서 입력과 출력을 합니다.
직접 함수를 작성하지 않아도 되니 간편하겠죠? :)

그리고, 입출력 함수를 숨겨놓은 곳을
'라이브러리(library)'라고 부릅니다.
그리고 세상에는 다양한 라이브러리가 있죠.

코드를 보관해두고, 꺼내 볼 수 있다는 점에서 라이브러리,
도서관이라는 의미 그대로 받아들이셔도 좋을 것 같습니다!

001 블록 조립하기

여섯 가지 블록에 대해 모두 배워보았어요.

블록이 모든 프로그래밍 언어의 기본적인 구조라고 했지만, 사실 이 블록들만 가지고 실제 코딩을 어떻게 하는지 알기는 어렵습니다.

하지만, 이 블록들을 안다면 실제 코딩을 배우기가 쉬워집니다.

그래서, 실제 C와 PYTHON 코드에 블록을 대입해보았습니다.
아무리 복잡해 보이는 코드라도,
결국 이 여섯 가지 블록들로 구성되어 있다는 것을 알 수 있을 거예요.

그것만 이해한다면, 프로그래밍 세계에 성큼 다가간 것이랍니다!
다음 장에서 직접 눈으로 확인해보세요!

C 리얼 코드 뷰

코드를 볼 필요는 없습니다. 전체 코드에 블록이 얼마나 쓰이는지만 보세요.
길고 복잡해 보이지만, 결국은 모두 블록으로 이루어져 있답니다.

```c
#include <stdio.h>

  int main(){

    int i;

    for(i=0; i<3; i++){

      int num1;
      int num2;
      char oper;
      int result;

      printf("첫번째 숫자를 입력하세요.\n");
      scanf("%d",&num1);
      fflush(stdin);
      printf("+, -, *, / 중 하나를 입력하세요.\n");
      scanf("%c",&oper);
      printf("두번째 숫자를 입력하세요.\n");
      scanf("%d",&num2);

      if(oper=='+'){
        result=num1+num2;
        printf("%d %c %d = %d\n",num1,oper,num2,result);
      }else if(oper=='-'){
        result=num1-num2;
        printf("%d %c %d = %d\n",num1,oper,num2,result);
      }else if(oper=='*'){
        result=num1*num2;
        printf("%d %c %d = %d\n",num1,oper,num2,result);
      }else if(oper=='/'){
        result=num1/num2;
        printf("%d %c %d = %d\n",num1,oper,num2,result);
      }else{
        printf("잘못된 수식입니다.\n");
      }
    }

    return 0;
  }
```

```c
#include <stdio.h>

  int main(){

    int i;

    for(i=0; i<3; i++){

      int num1;
      int num2;
      char oper;
      int result;

      printf("첫번째 숫자를 입력하세요.\n");
      scanf("%d",&num1);
      fflush(stdin);
      printf("+, -, *, / 중 하나를 입력하세요.\n");
      scanf("%c",&oper);
      printf("두번째 숫자를 입력하세요.\n");
      scanf("%d",&num2);

      if(oper=='+'){
        result=num1+num2;
        printf("%d %c %d = %d\n",num1,oper,num2,result);
      }else if(oper=='-'){
        result=num1-num2;
        printf("%d %c %d = %d\n",num1,oper,num2,result);
      }else if(oper=='*'){
        result=num1*num2;
        printf("%d %c %d = %d\n",num1,oper,num2,result);
      }else{
        printf("잘못된 수식입니다.\n");
      }
    }

    return 0;
  }
```

PYTHON 리얼 코드 뷰

코드를 볼 필요는 없습니다. 전체 코드에 블록이 얼마나 쓰이는지만 보세요.
길고 복잡해 보이지만, 결국은 모두 블록으로 이루어져 있답니다.

```
for i in range(0,3):
    num1 = int(input())
    num2 = int(input())
    operator = input()
    if (operator == "+"):
        print(num1+num2)
    elif (operator == "-"):
        print(num1-num2)
    elif (operator == "*"):
        print(num1*num2)
    elif (operator == "/"):
        print(num1/num2)
    else:
        print("잘못된 입력입니다.")
```

이제,
진짜 코딩으로
넘어가 볼까요?

그전에 잠깐!

본격적으로 코딩을 시작해보면, 분명히 에러가 날 거예요.
빨간 에러 문구를 봐도 놀라지 않도록 미리 몇 가지 팁을 드릴게요!

첫째, 코드에서 오타가 없는지 확인해보세요!
대부분 에러는 오타에서 나옵니다. 변수 이름을 잘못 쓰진 않았는지,
세미콜론(;), 괄호 등을 빼먹지는 않았는지 점검해보세요.
어느 부분이 오타인지 정말 못 찾겠다면, 넥서스 홈페이지의 부가자료 안에
정답 코드를 넣어두었으니 확인해보세요!

둘째, 에러 문구가 뭐라고 말하는지 읽어보세요!
영어라 읽기 어렵겠지만, 그래도 에러의 의미를 파악하면
금방 해결할 수 있습니다.
읽어도 해결할 수 없다면, 구글 검색창에 에러 내용을 검색해보세요.
수많은 사람이 같은 문제를 겪고 해결책을 제시해두었답니다.
(개발의 절반은 구글링에서 나온답니다:>)

셋째, 아무리 해도 모르겠다면 coin-class.com으로 오세요!
coin-class.com은 코인:코딩하는 사람들이
직접 운영하는 사이트입니다.
열심히 검색해도 해답이 나오지 않을 땐,
코인 찬스를 활용해보세요.

새로운 것을 배우는 가장 쉽고 빠른 길은 직접 부딪혀 보는 것이겠죠.
프로그래밍 언어의 공통적인 구조에 대해 알아보았으니
이제 정말 실습을 하러 가봅시다. 준비물은 열린 마음과 컴퓨터!

실전 개발하기 011

"가장 중요한 것은"

- 000 개발의 시작
- 001 Python 계산기
- 010 Python 행운 번호 추첨기
- 011 C언어 계산기
- 100 C언어 행운 번호 추첨기

개발의 시작

Python과 C 비교하기

C언어 코기리

왼쪽과 오른쪽 페이지를 한눈에 보면
C 코기리는 컴퓨터 옆에, Python 코기리는 사람 옆에 있습니다.

C는 컴퓨터에 친숙한 언어,
Python은 사람에게 더 친숙한 언어입니다.

이외에도 C와 Python은 다른 점이 많습니다.
하지만 두 언어 모두 처음 코딩을 배울 때 아주 좋은 언어들이지요.

이제 이 두 언어에 대해 배워봅시다!

PYTHON 코끼리

PYTHON	C 언어
특징	인터프리터 언어 스크립트 언어	컴파일 언어 시스템 프로그래밍 언어
장점	깔끔하고 쉬움 구문이 간결함	포인터와 메모리 관리 강력한 최적화 기능
속도	속도가 느림 (특정 분야에서는 큰 영향을 끼침)	속도가 빠름

🐤 IDE 설치하기

● IDE : 통합 개발 환경

IDE란 Python, C언어 등의 프로그래밍 언어를 편리하게 사용할 수 있도록 만들어 놓은 개발 환경입니다. 우리는 이 IDE에서 '코드'를 치고 '실행'을 시키며 실습을 진행할 것입니다.

● IDE 설치하는 방법

언어는 모두 자신에게 맞는 IDE가 있습니다. 언어별 IDE 설치 방법은 넥서스 홈페이지의 부가자료에서 다운받을 수 있으며, 저자 직강 동영상을 통해 배울 수 있습니다. 자, 그럼 모두 노트북, 컴퓨터를 켜고 IDE를 설치해주세요!

Python용 IDE 설치 방법은 "python_IDE_설치하기(공통).pdf"을 참고해 주시고, C언어용 IDE 설치 방법은 "C_IDE_설치하기(윈도우용).pdf", "C_IDE_설치하기(맥OS용).pdf"을 참고해주세요!

아래의 QR코드 및 동영상 강의를 보면서 함께 설치할 수도 있답니다!

▶ IDE 설치하기

여러분!
코기리가 지구를 침략하여 가장 먼저 준 물건이 무엇인지 아세요?

바로 우리가 일상에서 쓰는 계산기입니다!

코기리가 준 계산기 말고 우리가 스스로 계산기를 만들어보도록 해요!

코딩을 지금 처음 해보는데
그게 가능할까요…?

당연하죠!
2단원에 나왔던 블록들을 조립하면,
여러분의 손으로 계산기를 만들 수 있어요.

지금부터 계산기에서 쓰이는 블록을
단계별로 모아봅시다.

계산기는 어떻게 만들까요?

어떤 계산기를 만들지 차례대로 살펴볼까요?

1단계 | 출력

우리는 코딩으로, 사용자가 계산기의 화면에서 숫자들을 볼 수 있도록 할 것입니다.
계산기의 화면 대신, 컴퓨터 실행창을 이용해 보아요!

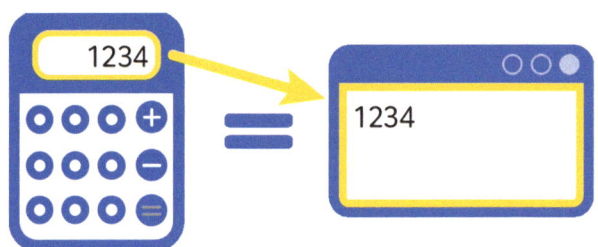

2단계 | 변수

우리는 코딩으로, 변수에 원하는 값을 담아볼 것입니다.
계산기의 저장소 대신, 컴퓨터의 저장소를 이용해 보아요!

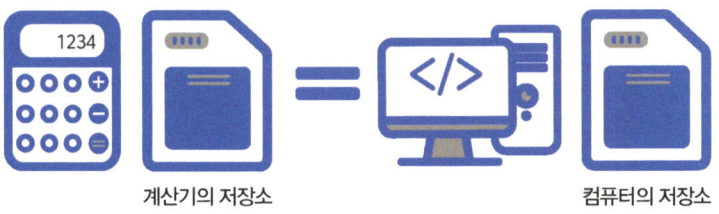

계산기의 저장소 　　　　　 컴퓨터의 저장소

3단계 | 입력

우리는 코딩으로, 사용자가 계산기에 직접 숫자를 입력할 수 있도록 할 것입니다.
계산기의 키패드 대신, 컴퓨터 키보드를 이용해 보아요!

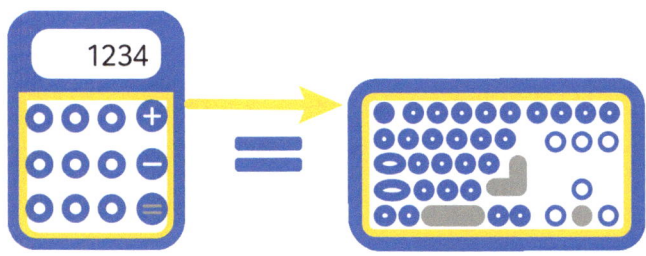

4 & 5단계 | 조건문 & 반복문

우리는 코딩으로, 계산기의 여러 가지 기능을 만들 것입니다.
+를 누르면 더하기를! -를 누르면 빼기를! 그리고 이를 반복하는 기능까지!

001
Python 계산기

🔍 1단계 | 원하는 값을 출력하기

어떤 프로그램이든 그 내용이 눈에 보여야 하겠지요. 본격적인 계산기를 만들기 전에, 화면에 원하는 내용을 출력해보겠습니다.

 print( )

: 컴퓨터가 화면에 정보를
  보여주는 것

● print 함수 사용법

파이썬에서 숫자와 문자를 출력할 땐, 출력함수 print( )를 사용합니다. print를 사용하려면, print 뒤의 괄호( ) 안에 자신이 출력하고 싶은 값을 적습니다. 숫자일 때는 값만 적어주면 되고, 문자/문자열일 때는 큰따옴표("") 안에 값을 적어줍니다.

우선, 숫자 1부터 출력해봅시다!

파이썬 실습을 할 때는 항상 이전 코드는 지우고 작성해주세요!

1 vs. "1" 비교하기

1을 잘 출력해보았나요? 그렇다면, print(1)로 출력된 1과 print("1")로 출력된 1을 비교해봅시다. 과연 둘은 같은 것일까요?

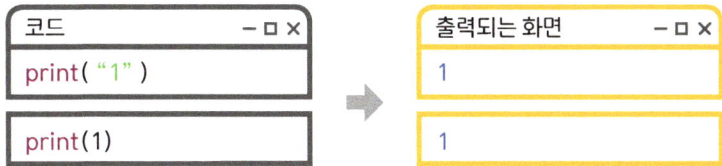

이렇게만 보면 둘의 결과가 1로 같아 보입니다. 하지만 사실 print(1)로 출력된 1은 숫자, print("1")로 출력된 1은 문자입니다. 문자일 때는 큰따옴표("") 안에 값을 적기로 했기 때문이죠.

Q1. 'hello world!'를 출력하는 코드를 작성해봅시다.
Q2. 자신이 가장 좋아하는 숫자를 출력하는 코드를 작성해봅시다.

정답: Q1. print("hello world!") / Q2. print(3)

● 숫자 연산 출력하기

print의 괄호( ) 안에서는 숫자를 더하거나 뺄 수도 있습니다. 컴퓨터가 스스로 괄호 안의 연산을 계산하여 결과값을 출력해줍니다.

그렇다면, print("1+2")도 3이 출력될까요?

그럴 리가요! 큰따옴표("") 안에 들어가는 값은 문자열로 여긴다고 하였습니다. 1+2 자체를 문자열로 받아들여 그대로 출력하게 됩니다. 항상 주의하세요!

● 여러 개 출력하기

지금까지는 1개의 숫자나 문자만 출력을 해보았는데요, 여러 개의 숫자, 문자 혹은 숫자와 문자들을 한 번에 출력할 수도 있습니다.
출력할 내용들을 쉼표(,)로 이어주기만 하면 끝!

Q1. print( ) 함수는 곱하기(*)도 계산할 수 있어요. print(2*3)을 출력해보세요!

Q2. 나의 이름과 나이를 print( ) 하나만 사용하여 한 번에 출력해보세요!

정답 : 네이버 폴리에지 〉 박7사러 〉 신문명코드_python

1단계 성공!
-출력-

print( )

앞에서 print 함수를 통해 숫자, 문자를 출력해봤습니다.
print와 관련된 퀴즈를 풀고 print 블록을 획득하세요!

O/X 퀴즈!
1. print("1")에서 출력값 1은 숫자다 (O / X)
2. print(1)에서 출력값 1은 숫자다 (O / X)

정답: 1. X / 2. O

축하드립니다~
블록을 획득했어요!

print 함수를 사용할 때
값만 쓰면 숫자로,
큰따옴표 안에 쓰면 문자로
인식한다는 것!

이제 잊지 않으시겠죠?

블록 획득!

2단계 | 변수 사용하기

변수에는 숫자, 문자 등 다양한 값을 담을 수 있습니다. 계산기에 숫자를 저장하기 위해 변수를 사용해봅시다!

: 값을 담는 그릇

● 변수 사용법

변수는 값을 담을 수 있는 그릇입니다. 그리고 변수 안의 값은 다양하게 바꿀 수 있습니다. 변수를 사용한다는 것은 변수 안의 값을 불러오거나 바꾸는 것을 말합니다.

파이썬에서는 변수에 값을 담기 위해
등호(=)의 왼쪽에는 변수의 이름을, 등호의 오른쪽에는 담고 싶은 값을 적습니다.
= (등호)는 변수에 값을 담는 것, 즉 '저장'한다는 뜻입니다.

변수에 숫자를 담고 코드를 실행해 볼까요?

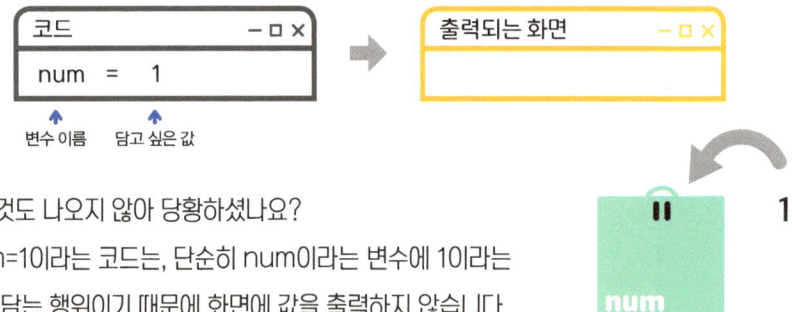

아무것도 나오지 않아 당황하셨나요?
num=1이라는 코드는, 단순히 num이라는 변수에 1이라는 값을 담는 행위이기 때문에 화면에 값을 출력하지 않습니다.

변수에 담긴 값 확인하기

그렇다면,
변수에 값을 잘 담았는지 확인하기 위해서는 어떻게 해야 할까요?
앞에서 배운 출력을 사용해봅시다.

```
코드
num = 1
print(num)
```

```
출력되는 화면
1
```

num이라는 변수를 print() 안에 넣어 출력해주었습니다.
1이라는 값이 잘 출력되었나요?

 print(num)은 num이라는 단어를 출력하는 것이 아니고,
num에 담긴 값을 출력해줍니다.
정말 num이라는 단어를 출력하고 싶다면 **print("num")**이라고 써야 합니다.

Q. 변수는 담고 있는 값을 바꿀 수 있다고 했습니다.
　이를 한 번 더 확인해봅시다.
　먼저 변수 num에 1을 담고, 담은 값을 다르게 바꾸어서 출력해보세요.

정답 : 예시소_파이썬이지 〉 뚜가자료 〉 챕터공유_python

● 다양하게 출력해보기

앞에서 쉼표(,)를 이용해 여러 개의 숫자와 문자를 출력해보았습니다.

이제는 변수를 사용해서 여러 가지를 한 번에 출력해볼까요?
이번에도 쉼표(,)로 이어주면 돼요!

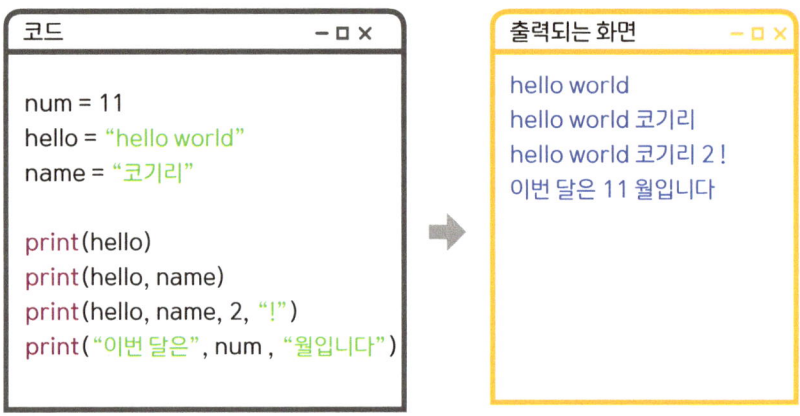

```
코드

num = 11
hello = "hello world"
name = "코기리"

print(hello)
print(hello, name)
print(hello, name, 2, "!")
print("이번 달은", num, "월입니다")
```

```
출력되는 화면

hello world
hello world 코기리
hello world 코기리 2 !
이번 달은 11 월입니다
```

직접 해보기

Q. 나의 이름과 나이를 변수로 선언하고,
print( ) 하나로 한 번에 출력해 보세요!

정답 : 이시수 돌파이지 〉 다가서볼 〉 일상코딩_python

변수끼리 연산하기

앞에서 숫자끼리 연산을 해보았습니다.
변수에 숫자를 담은 후, 변수끼리 연산도 가능합니다.
이번에는 변수를 더해봅시다.

변수에 숫자를 담고 나면, 이제 그 변수를 숫자처럼 사용할 수 있습니다.
숫자 연산을 했을 때와 결과가 같습니다.

Q. 덧셈만 하면 재미없죠? 뺄셈, 곱셈, 나눗셈도 모두 해봅시다.
나눗셈은 /를 사용합니다.

정답: 에시스 폴더이지 〉 부가자료 〉 샘플코드_python

2단계 성공!
-변수-

출력에 이어 변수를 배워봤어요!
이제 퀴즈를 풀고 변수 블록을 획득하세요!

1+5*4의 값을 알고 싶어요.
변수를 이용하여 값을 계산하고, 결과를 출력하기 위한
코드를 작성해보세요!

```
num1 = 1
num2 = 5
num3 = 4
print (              )
```

정답: num1+num2*num3

축하드립니다~
변수 블록을 획득했어요!

변수에 값을 저장하고
출력해주는 방법,
잊지 마세요!

블록 획득!

3단계 | 원하는 값 입력하기

지금까지 우리는 변수의 값을 코드 안에서 입력하고 바꿨습니다.
이제는 계산기처럼 컴퓨터 실행창에서 숫자를 직접 입력해봅시다!

: 사람이 컴퓨터에 정보를
  알려주는 것

● input 함수 사용법

파이썬에서의 입력은 입력함수 input( )을 사용합니다.
input 함수를 사용하려면, input( )을 통해 받은 값을 변수에 담아 사용해야 합니다.
변수에 값을 담을 때는 =(등호)를 사용한다는 것, 기억하시죠?

> 파이썬 실습을 할 때는 항상 이전 코드는 지우고 작성해주세요!

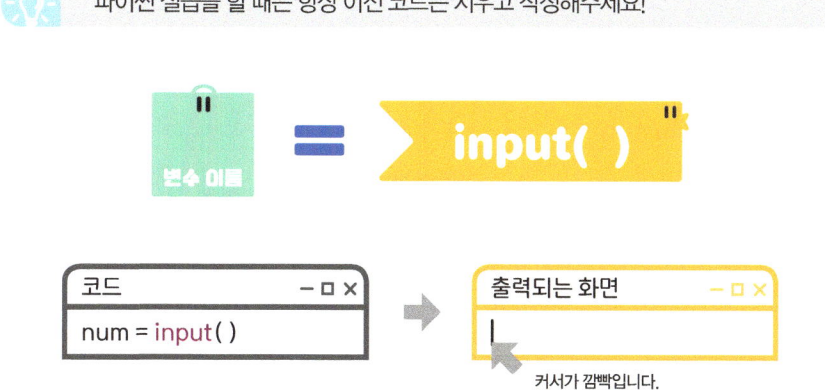

커서가 깜빡이는 곳에 원하는 숫자를 누르고 엔터를 치면, num에 그 숫자가 담깁니다.
하지만 출력은 되지 않아요!

● 입력한 값 확인하기

이제 입력한 값이 잘 담겼는지 출력을 통해 확인해볼까요?

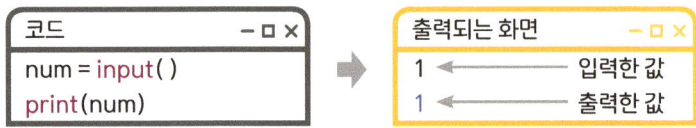

입력한 대로 출력이 나왔나요? 그렇다면 잘하셨습니다!

● 입력값 여러 개 받고 연산하기

물론 입력을 여러 번 받을 수도 있습니다. 변수를 여러 개 사용하여 입력을 여러 번 받아봅시다.

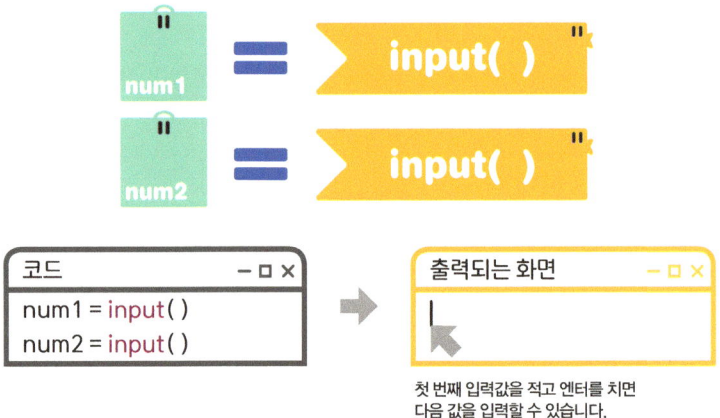

input 함수를 통해 받은 값을 각각 변수에 담아주었습니다.

변수끼리도 연산이 가능했었죠? 그렇다면 입력받은 값들끼리도 연산이 가능하겠네요!

num1과 num2에는 각각 여러분이 직접 입력한 숫자가 담겨있습니다.

● 입력값은 문자다!

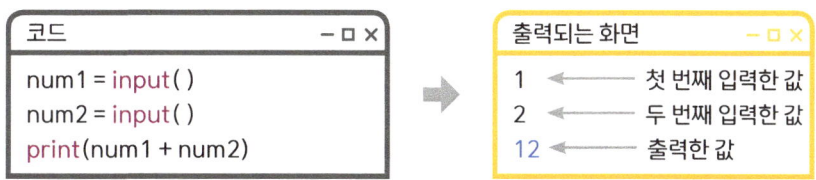

오잉? ㅇㅁㅇ!!

이게 어찌 된 일이지요?

1과 2를 더했는데, 12가 나왔습니다.

왜일까요?

파이썬에서는 변수의 종류를 따로 정해주지 않습니다.
덕분에 코딩할 땐 편하지만 이런 문제가 생기곤 하죠.

파이썬에서 input( )을 사용하면, 기본적으로 모든 입력값을 문자로 인식합니다.

즉 "1"과 "2"라는 문자를 합쳐
"1"과 "2"를 연속으로 적은 "12"라는 문자열을 출력한 것입니다.

입력값을 숫자로 받기

우리는 입력값을 숫자로 인식했으면 좋겠는데...

어떻게 해야 할까요?
어렵지 않아요. 우리가 직접 입력값의 종류를 정해주면 됩니다.
즉, 입력값에 '너는 정수야!'라고 알려주는 겁니다.

입력값에 '너는 정수야!'라고 알려주려면, int 옆에 괄호( )를 치고,
그 안에 입력값을 넣어주면 됩니다.

참고) int는 정수라는 의미의 영어 단어 integer에서 따온 것입니다.

다같이 입력값을 문자에서 정수로 바꿔볼까요?

어때요? 이제 값이 잘 출력되었나요?

Q. 2개의 숫자를 입력받고 빼기, 곱하기, 나누기 결과도 출력해봅시다.

정답: 네이버 웹페이지 > 뭉치처럼 > 실습코드_python

3단계 성공!
-입력-

input 함수를 통해 입력하는 방법을 배워봤어요.
퀴즈를 풀면, 입력 블록을 획득할 수 있어요.

입력받은 숫자를 더하려면, 빈칸에 어떤 코드가 들어가야 할까요?

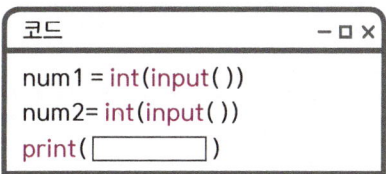

정답: num1 + num2

축하드립니다~
입력 블록을 획득했어요!

값을 입력받아 변수에 저장하고,
그 값을 숫자로 바꿔주는 방법까지
마스터!

블록 획득!

4단계 | 조건문으로 원하는 연산 실행하기

계산기는 + 버튼을 눌러 더하기를, - 버튼을 눌러 빼기를 실행하죠?
우리도 +가 들어오면 더하기를, -가 들어오면 빼기를 실행해 보아요!

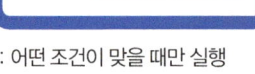
: 어떤 조건이 맞을 때만 실행

● 조건문 사용법

조건문은 내가 원하는 조건이 참인지 거짓인지에 따라 다른 명령을 실행하기 위해 사용합니다. 파이썬에서는 if 옆에 괄호()와 콜론(:)을 붙여 조건을 만들고, 조건이 참일 때 실행할 내용을 써줍니다.

 코딩할 때 괄호 2개가 온전히 있는지, 콜론(:)을 빼먹지 않았는지 확인해보세요

● 조건문의 조건

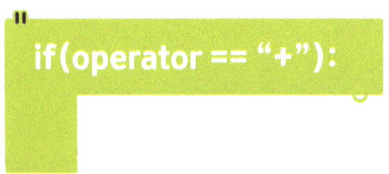

if문의 괄호() 안에 들어가는 것이 바로 '조건'입니다. 위의 블록은 operator에 담긴 문자가 +와 같니?'라고 물어보는 조건문입니다. 괄호( ) 안에는 "같다"는 조건 이외에도, 여러 가지 조건이 들어갈 수 있습니다.

| ■ 와 ★이 같니? | ■ == ★ | ■ 보다 ★이 크니? | ■ < ★ |
| ■ 와 ★이 다르니? | ■ != ★ | ■ 보다 ★이 작니? | ■ > ★ |

● 조건문에서 참이란?

조건이 참이라는 것은, 조건이 하는 질문에 '예!'라고 대답하는 것입니다.
'operator에 담긴 문자가 + 와 같니?'라는 조건에 '예!'라고 대답할 수 있으면,
조건문 안의 코드가 실행됩니다.

> if(operator == "+"):
>
> 예! num1과 num2를 더해주세요!

다음은 위의 조건문 블록과 같은 의미의 코드입니다.

```
코드                        - ▢ ×
if(operator == "+"):
    print(num1+num2)
```

그럼 이제 변수와 연산 기호를 입력받은 후, 조건문을 이용해 여러분이 입력한 연산 기호가 +인지 확인하고, 더한 값을 출력하는 코드를 작성해 봅시다!

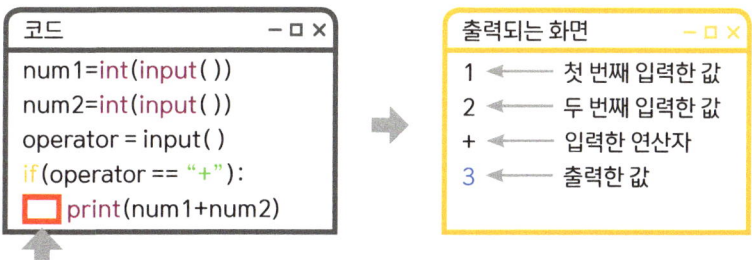

> if의 조건이 만족하였을 때 실행할 코드는 띄어쓰기 4칸 또는 tab을 꼭 해준 후 써야 합니다. 띄어쓰기는 "여기는 위의 조건문이 참일 때 실행하는 내용이야"라고 알려주는 일을 합니다.

여러 가지 조건 사용하기

조건은 여러 가지가 있을 수 있습니다.
예를 들어, '입력한 연산이 +니?'라는 조건이 거짓일 때, '그럼, 입력한 연산이 -니?'라고 묻고 싶을 수도 있죠.

이때 사용하는 것이 elif와 else입니다.
elif는 else if의 약자로, 위에서 확인한 조건 외의 새로운 조건을 확인하기 위해 사용합니다. elif를 여러 번 쓰면 여러 조건을 확인할 수 있겠죠?

else는 위의 모든 조건을 만족하지 않는 경우에 실행됩니다.
아래처럼 여러 가지 조건을 사용할 수 있답니다!

❶ if와 else로 조건문 만들기   ❷ if, elif, else로 조건문 만들기   ❸ if와 elif로 조건문 만들기

● 논리 연산자로 조건 추가하기

조건문을 사용하다 보면, 여러 가지 조건을 괄호 안에 한 번에 넣고 싶지 않으셨나요?
2 < num < 5처럼 말이죠!

이렇게 한 번에 여러 가지 조건을 표현할 수도 있지만 조금 더 코딩스러운 방법도 존재합니다.

바로 '논리 연산자'를 이용하는 것입니다.

논리 연산자의 종류와 의미를 더 알아보도록 할게요.

기호	의미
and	이고
or	또는

and는 모든 조건이 모두 참일 때만 결과를 참으로 만듭니다.
or는 모든 조건 중 하나만 참이면 결과를 참으로 만듭니다.

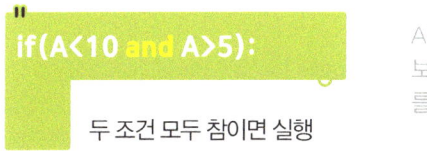

두 조건 모두 참이면 실행

A가 10보다 작'고' A가 5보다 크면 if문 안의 코드를 실행한다.

예를 들어, A=7일 때는 모든 조건을 만족하므로 if문 속 코드가 실행되지만, A=3일 때는 A가 5보다 크다는 조건이 거짓이므로 실행되지 않습니다.

원하는 연산 실행하기

먼저 입력으로 받은 operator가 +인지 확인하고,
+가 아니라면 -인지 확인하는 코드를 작성해 봅시다!

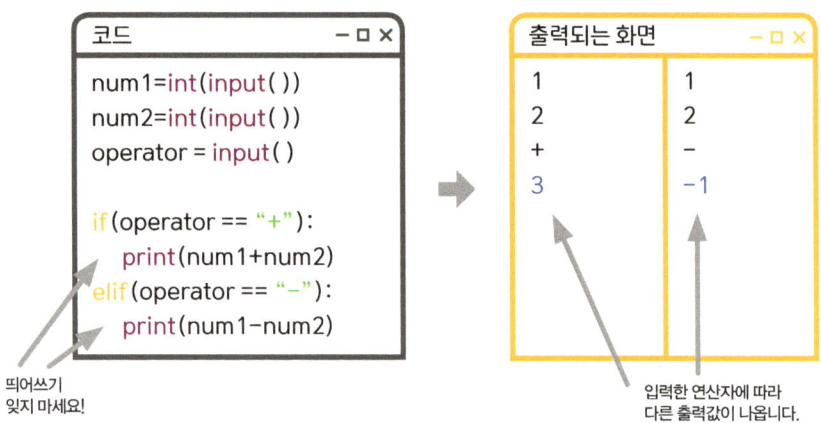

어때요?
덧셈의 결과와 뺄셈의 결과가 잘 나오나요?
수고 많으셨어요!

직접 해보기

Q. 더하기, 빼기 외에도 곱하기, 나누기까지 모두 체크하고, 이외의 입력이 들어오면 "잘못된 입력입니다."를 출력하는 조건문을 만들어봅시다.

정답: 네이버 홈페이지 〉 부자자격 〉 실험코드_python

4단계 성공!
-조건문-

조건문 if를 사용해보았어요!
관련된 퀴즈를 풀고, 조건문 블록을
얻어볼까요?

지구를 침략하러 온 외계인이 코기리인지 확인하기 위한
조건문에서 빈칸에 알맞은 내용을 써넣어주세요!

(외계인 변수: alien, 코기리: kogiri)

```
if( alien _____ kogiri ):
    print("저 외계인은 코기리야!")
```

정답: = =

블록 획득!

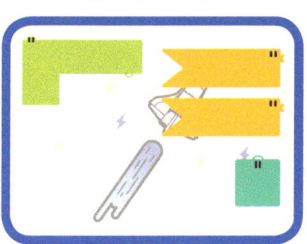

세상에!
조건문 블록을 획득했어요!
블록을 거의 다 모았네요.
조금만 더 힘내세요!

5단계 | 원하는 만큼 반복하기

계산을 할 때마다 코드를 다시 실행해야 해서 너무 귀찮죠?
원하는 만큼 계산을 반복할 수 있도록, 반복문을 사용해 보아요!

: 똑같은 일을 반복하고 싶을 때 사용

●─ 반복문 사용법

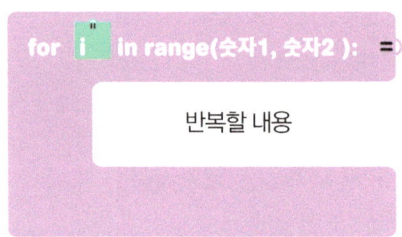

반복문의 한 종류인 for문은 보통 for i in range(숫자1, 숫자2): 의 형태로 사용합니다.

이때 i in range(숫자1, 숫자2)는 **숫자1 이상 숫자2 미만**의 정수를
변수 i에 차례대로 넣는다는 의미입니다.

예를 들어 i in range(0, 4)라면, i에는 0, 1, 2, 3의 값이 차례대로 들어가게 되는 것이지요.

i에 값을 넣어주는 것과 내용을 반복하는 것은 어떤 관련이 있을까요?

for 문은 i에 값을 넣을 때마다 반복문 속 내용을 실행합니다.
그렇기 때문에 내용을 원하는 만큼 반복할 수 있지요.

조금 어렵다면, i in range(0, 3)을 자세히 살펴볼까요?

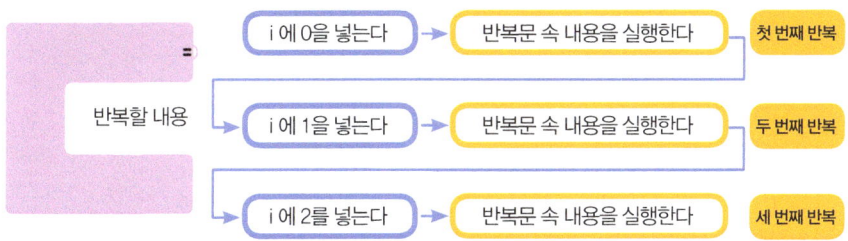

i에 0, 1, 2의 값을 넣을 때마다 반복문 속 내용이 실행되고,
결과적으로 내용이 총 3번 반복된 것입니다!

Q. range(5,10)은 몇 번 반복할까요?

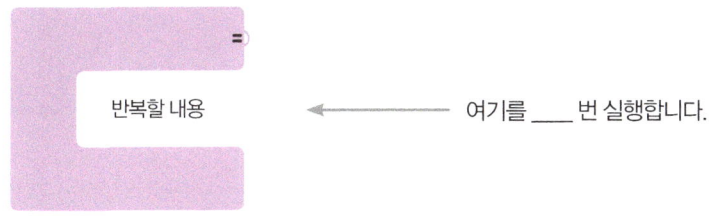

정답: 5번, i에 5, 6, 7, 8, 9의 값이 차례대로 담기기 때문에 총 5번 실행됩니다.

반복문이 품은 변수 i 확인하기

정말로 변수 i에 범위 내의 값들이 차례대로 넣어지고 있을까요?

예! 그렇습니다. 못 믿겠다고요?
그럼 출력해보아요!

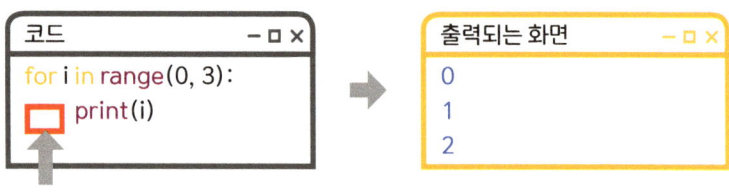

이 부분 띄어쓰기 4칸입니다.

i에 0 이상, 3 미만인 수 0, 1, 2가 차례대로 들어갔습니다.
따라서 반복문 속 print(i)를 3번 반복하고 for문이 종료됩니다.

> for문도 조건문과 마찬가지로, for문 안의 반복할 내용임을 알려주기 위해 띄어쓰기를 꼭 사용해주어야 합니다.

Q. range(0, 5)일 때, i를 출력하는 코드를 작성하고 실행해봅시다.

정답 : 네이버 웹페이지 〉 분자사전 〉 실험실코드_python

● 반복문을 계산기에 적용하기

자, 다 왔습니다.
for문을 이용해 계산기를 3번 반복하려면 어떻게 해야 할까요?

반복할 내용 ← 이 안에 계산기 코드를 넣어주면 되겠죠?

차근차근히 해보면 어렵지 않습니다. 띄어쓰기에 주의하면서 함께 코드를 작성해봅시다!

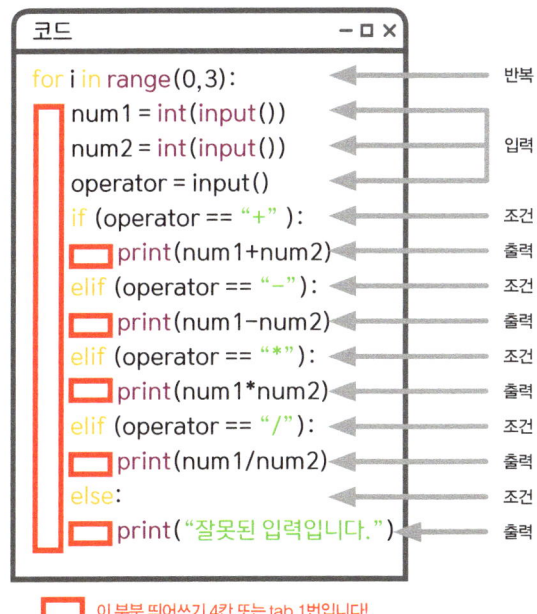

자, 계산기를 완성했습니다!
계산하고 싶은 숫자 두 개와 원하는 연산을 입력하면, 두 값이 연산된 결과가 출력됩니다!
띄어쓰기에 주의하며 for문 안에 계산기 코드가 포함되어 있다는 것을 확인해보세요!

이제 원하는 만큼 계산을 반복할 수 있게 되었으니, 마지막 블록을 획득하러 가볼까요?

5단계 성공!
-반복문-

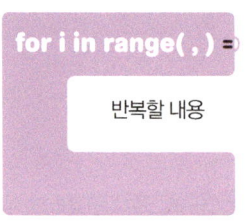

마지막으로 반복문을 획득하러 가볼까요?

다음 코드를 실행하면 어떤 값이 출력될까요?

```
for i in range(2, 5):
    print(i)
```

정답: 2, 3, 4

축하드립니다~
반복문 블록까지 모두 획득했어요!

원하는 범위의 값을 i에
넣을 수 있다는 점, 잊지 마세요~

블록 획득!

완성된 코드 살펴보기

〈내가 쌓은 코드〉

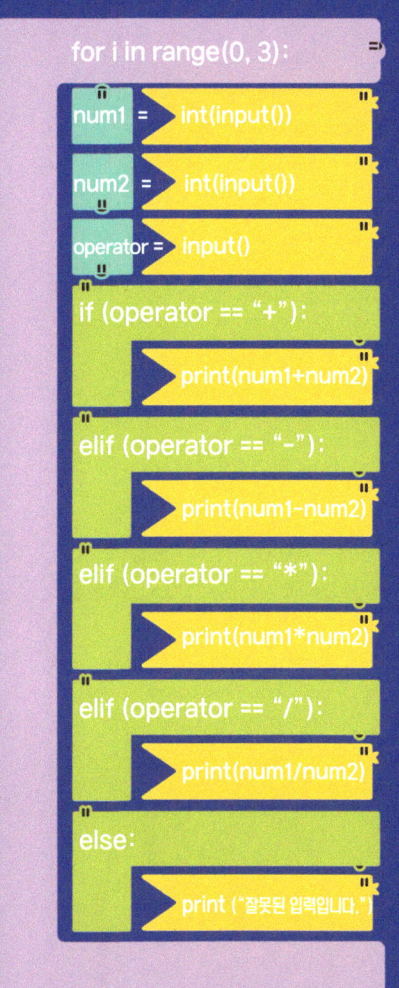

〈획득한 블록〉

모든 블록

자, 어때요?
다섯 단계에서 모았던 블록들이
잘 보이시나요? 한 단계 한 단계
차근차근 배웠더니 결국 블록으로
이루어진 멋진 계산기가 완성되었죠?!

블록 탑 완성을 축하합니다!

010
Python 행운 번호 추첨기

조금 더, 코딩을 알아보자!
친절한 파이썬 행운 번호 추첨기

여러분!
파이썬 계산기는 잘 만들어 보셨나요?
이제 조금 더 새로운 도구들로
파이썬 행운 번호 추첨기를 만들어 볼 거예요.
그전에 친절한 행운 번호 추첨기에 대해 알아볼까요?

친절한 행운 번호 추첨기의 특징

❶ 번호의 범위는 1부터 45이다.
❷ 총 여섯 개의 번호를 랜덤으로 추첨한다.
❸ 중복인 수는 나오지 않는다.
❹ 번호 크기순으로 정렬해준다.

참으로 친절한 행운 번호 추첨기가 아닐 수 없네요.
번호 크기순으로 정렬까지 해준다니!

만들고자 하는 기능을 정했으니,
이제 본격적인 코딩을 시작해볼까요?

1단계 | 1부터 45 사이의 랜덤값 하나 뽑기

행운 번호 추첨기를 만들기 위한 첫 번째 단계입니다.
6개의 랜덤 값을 뽑기 전에,
먼저 1부터 45 사이의 랜덤값 하나를 뽑아 보아요!

: 자주 쓰는 코드를 저장해
  놓은 것

함수와 모듈

모듈(Module)은
파이썬에서 자주 사용하는 함수를 담아 놓은 모둠입니다.
'라이브러리'와 비슷한 의미를 지닙니다.
친절한 행운번호 추첨기에서 사용할 모듈은 'random'입니다.
한 번 불러와 볼까요?

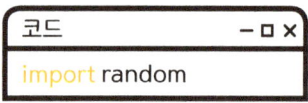

C언어의 #include <라이브러리.h>라고 쓰는 부분과 비슷한 의미입니다.

● 함수의 종류와 쓰임

불러온 random 모듈 안에는 우리가 사용할 함수인 randint 함수와 sample 함수가 들어 있습니다.
모듈을 따로 불러오지 않아도 사용할 수 있는 함수인
print 함수와 range 함수, sort 함수도 있습니다.

각 함수의 쓰임을 알아볼까요?

● 함수 사용법 : 함수 '호출'하기

함수를 사용한다는 것은 함수를 '호출'하는 것입니다.
random 모듈 속 randint 함수를 꺼내기 위해 마침표(.)를 이용합니다.
꺼낸 함수를 사용하고 싶을 땐 괄호( )를 이용하여 호출합니다.

● 함수와 변수

randint 함수는 함수를 호출한 결과값을 변수에 저장할 수 있습니다.

randint 함수는 특정 범위 내의 숫자를 무작위(랜덤)로 뽑을 때 사용하는 함수입니다.
따라서, randint 함수를 사용할 때엔 값의 범위를 입력해 주어야 합니다.

randint(숫자1, 숫자2)는 숫자1 이상 숫자2 이하의 랜덤값을 뽑는다는 의미입니다.

숫자 1 ≤ 랜덤값 ≤ 숫자 2

이제 number이라는 변수를 만들고,
randint 함수를 활용하여 1부터 45 사이의 랜덤값을 담아 출력해봅시다.

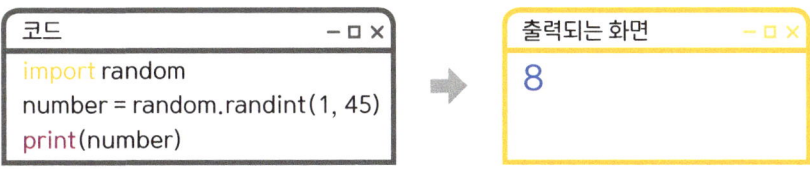

저는 1부터 45 사이의 랜덤값 8이 출력되었네요!
여러분은 어떤 수가 출력되었나요?

3줄의 코드로 랜덤값을 뽑을 수 있다니!
너무 간단하죠?

C언어와 비교해보면,
파이썬의 간편함을 더 극명하게 느낄 수 있답니다!

Q. randint 함수를 이용하여 10부터 30 사이의 숫자를 뽑아보세요.

정답 : number = random.randint(10, 30)

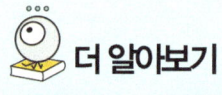

더 알아보기
함수 편

우리는 파이썬 안에 저장된
print(), input(), range() 같은 함수들을 호출해서 사용했어요.

하지만 우리가 직접 함수를 만들 수 있다는 사실을 아시나요?
def를 통해 여러분만의 함수를 직접 정의할 수 있답니다.

다음은 두 개의 값을 더해서 결과를 내보내는 add라는 이름의 함수입니다.

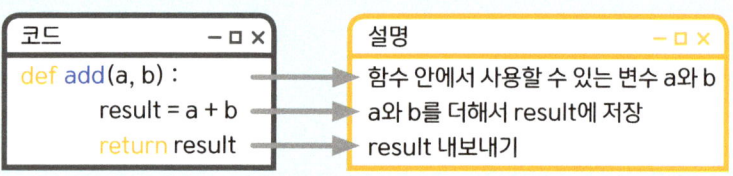

더 공부해보고 싶다면 검색해보세요!

코딩 꿀팁!

세상에는 코딩을 공부하는 사람들이 매우 많답니다.
특히, 구글에는 코딩지식에 대한 블로그, 질문&답변 게시물이 매우 많이 있어요. 공부를 하다 궁금한 것이 있으면 구글에 키워드를 검색해보세요! 친절하고 자세한 답변들이 많이 있답니다!

2단계 | 중복 없이 6개의 숫자 뽑기

행운 번호는 총 6자리입니다.
6개의 숫자를 중복 없이 뽑는 방법을 배워보아요!

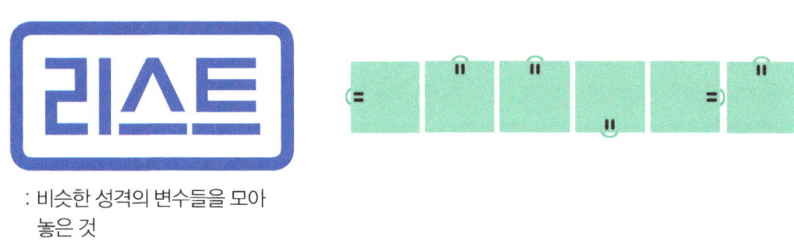

리스트
: 비슷한 성격의 변수들을 모아 놓은 것

파이썬에서는 리스트를 이용하면 같은 성격의 변수를 한 번에 묶어 표현할 수 있습니다. '배열'과 비슷한 개념입니다.

● sample 함수와 리스트

randint(숫자1, 숫자2) sample(range(숫자3, 숫자4), 숫자5)

sample 함수는 range 함수를 품고 있습니다. range 함수의 입력값을 지정하면 원하는 범위의 랜덤값을 중복 없이 뽑을 수 있습니다.

randint 함수는 랜덤값 하나만 뽑을 수 있었습니다. 하지만 sample 함수를 사용하면 원하는 수만큼 랜덤값을 뽑을 수 있습니다. 숫자 5를 통해 몇 개의 랜덤값을 뽑을지 결정합니다.

sample 함수로 뽑은 랜덤값의 모둠은 리스트 형태로 저장됩니다. 이 리스트를 변수에 담아서 사용할 수 있습니다.

sample 함수를 통해 뽑은 여섯 개의 랜덤값을 변수에 담아 출력까지 해볼까요?

```
import random

number = random.sample(range(1, 46), 6)
print(number)
```

설명

random 모듈의 sample 함수는 중복 제외 기능이 있습니다!
sample 함수에 넣어주어야 하는 값은 두 가지입니다!
1. range(1, 46) # 첫 번째 값 : 범위
2. 6 # 두 번째 값 : 숫자의 개수
랜덤으로 뽑힌 6개의 숫자는 리스트로 저장됩니다!

출력되는 화면

[23, 17, 22, 27, 24, 8]

➡ 바로 이것이 리스트입니다.

어때요? 6개의 값이 한 번에 출력 되었나요? 중복이 있지는 않았나요?
잘하셨습니다!

🎯 3단계 | 크기순으로 뽑은 숫자 정렬하기

sample 함수를 통해 뽑은 여섯 개의 값을 작은 숫자부터 큰 숫자 순서로 정렬해 보아요!

● sort 함수 사용법

sort 함수는 배열을 오름차순으로 정렬해 줍니다!
리스트에 적용할 수 있는 sort 함수를 마침표(.)로 가져와 [리스트가 담긴 변수 이름].sort( )의 형태로 사용합니다.

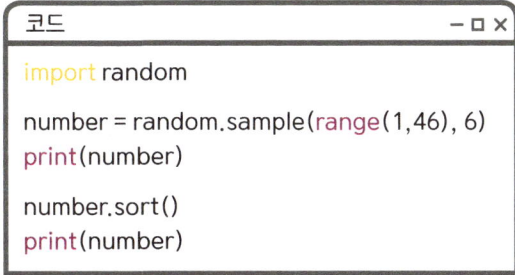

단계를 잘 따라왔더니, 어느새 친절한 행운 번호 추첨기가 완성되었습니다!
아주 잘하셨어요!

꼭 알아보기
리스트 편

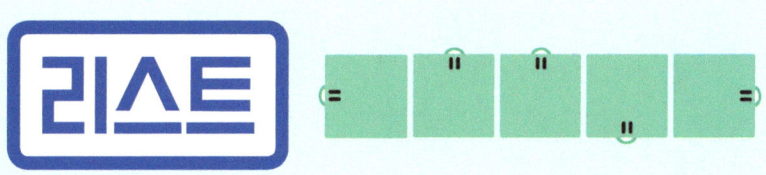

리스트는 그냥 넘어가기에는 아쉬운 개념입니다.
리스트는 여러 개의 값을 한 곳에 담고 싶을 때 사용합니다.

[1, 2, 13, 16, 27, 30]
숫자들을 모아 놓을 수도 있고,

["red", "green", "blue"]
문자들을 모아 놓을 수도 있습니다.

리스트 만들기

값을 담을 그릇의 이름을 정하고 대괄호 [ ] 로 그릇을 만들고,
안에 값을 적어주면 됩니다.
color = ["red", "green", "blue", "yellow", "purple"]

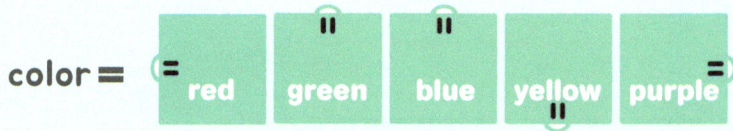

리스트와 인덱스

리스트는 몇 번째 값인지를 통해 리스트 안의 값을 불러올 수 있답니다.
'몇 번째'를 우리는 인덱스(index)라고 부릅니다.

컴퓨터는 1번째부터 시작하지 않고 0번째부터 시작합니다.
그래서 인덱스도 0부터 시작하죠.

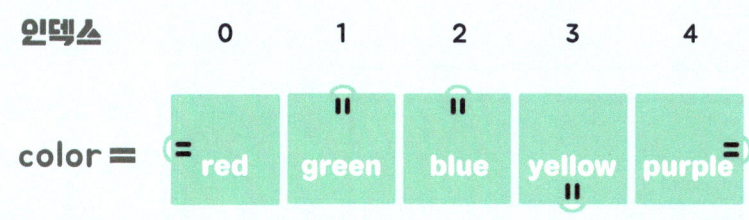

따라서, color = ["red", "green", "blue", "yellow", "purple"]에서
2번째 값은 "green"이 아니라 "blue"가 되겠죠!

그리고 리스트에서는 전체를 모두 불러올 수도 있고,
인덱스를 사용해서 값을 불러올 수도 있습니다. 예시를 통해 볼까요?

```
코드                                              - ☐ ×
color = ["red", "green", "blue", "yellow", "purple"]
print(color)
print(color[0])
```

```
출력되는 화면                                      - ☐ ×
["red", "green", "blue", "yellow", "purple"]
red
```

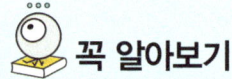
꼭 알아보기
리스트에 반복문 사용하기

인덱스 사용하기

리스트의 모든 값을 하나씩 출력하고 싶으면 어떻게 해야 할까요?

```
코드
subject = ["Math", "English", "Korean"]
print(subject[0])
print(subject[1])
print(subject[2])
```

출력과 인덱스 개념을 결합하면 이렇게 해볼 수 있겠죠!

```
코드
subject = ["Math", "English", "Korean"]
for i in range(0, 3) :
    print(subject[i])
```

하지만 우리는 반복문을 배웠습니다. 반복문을 이용해서 코드를 더 줄여봅시다!

리스트에 담긴 값 사용하기

그런데 리스트는 인덱스 없이도 자기가 담은 값을 차례대로 사용할 수 있습니다.
for문을 이용한다면 말이죠!

```
코드
subject = ["Math", "English", "Korean"]
for i in subject :
    print(i)
```

for i in subject: 로 반복문을 작성하면, subject 안의 값들이 차례로 i에 들어갑니다.

"Math", "English", "Korean"이 순서대로 i가 되는 것이죠!
그래서 print(i)를 하게 되면 Math, English, Korean이 순서대로 나온답니다.

행운 번호 추첨기 크로스 워드

파이썬으로 행운 번호를 추첨하기 위해 배운 모듈과 함수를 맞춰 보세요!

Hint

1. 구간을 설정하는 함수
2. 랜덤 함수를 모아둔 모듈
3. 구간 내의 여러 숫자를 랜덤으로 뽑는 함수
4. 출력
5. 배열을 정렬하는 함수
6. 모듈을 불러오는 명령

정답 : 1. range 2. random 3. sample 4. print 5. sort 6. import

PYTHON 마스터를 축하합니다!

1. 파이썬 간편하다. (T / F)

2. 파이썬은 _____ 다.

3. 나는 파이썬이 좋다. (Y / N)

이제,
C언어를 체험하러
슝슝

단계별로 으랏차차,
블록을 모아보자!

자, 그럼 단계별로 계산기를 만들며 블록 주머니에
다양한 블록들을 하나하나 모아봅시다!
단, C언어에서는 퀴즈를 풀어야 블록을 획득할 수 있어요!
모은 블록을 블록 주머니에 넣어 가득 채워보세요!

011 C언어 계산기

C언어를 시작할 때는 두 가지 형식을 꼭 지켜야 합니다.
① 표준 입출력 라이브러리 ② 메인 함수

처음 듣는 말 같겠지만,
사실 두 가지 형식 모두 여러분들이 이미 알고 있는 것들입니다!

표준 입출력 라이브러리
입출력을 하기 위해 꼭 필요한 라이브러리로 C언어로 작성한 모든 파일의 맨 윗줄에는 #include <stdio.h>를 꼭 써 주어야 합니다. 샵인클루드에스티디아이오쩜에이치(스튜디오가 아니에요!)

메인 함수
앞에서 배웠던 '함수'의 한 종류지만 필수적으로 써야 하는 함수로, 모든 코드는 메인 함수 안에 써야 합니다. (맨 마지막의 return 0;도 함께 들어가야 합니다.)

```
코드
1  #include <stdio.h>      → 표준 입출력 라이브러리
2
3  int main(){             ┐
4                          │
5                          ├ 메인 함수
6      return 0;           │
7  }                       ┘
```

1단계 | 원하는 값 출력하기

계산기를 만들기 위해선 화면에 문자와 숫자가 보이게 해야 해요.
문자와 숫자를 눈에 보이게 해볼까요?

출력 ▶ printf( )

: 컴퓨터가 화면에 정보를
  보여주는 것

● printf 함수 사용법

printf를 사용할 때는 `printf("hello world");` 처럼 큰따옴표 안에 출력하고 싶은 말을 넣어주면 됩니다.

 메인 함수 안에 쓰는 코드들의 뒤에는 꼭 세미콜론(;)을 써야 합니다. 빠지면 컴퓨터가 알아듣지 못해요.

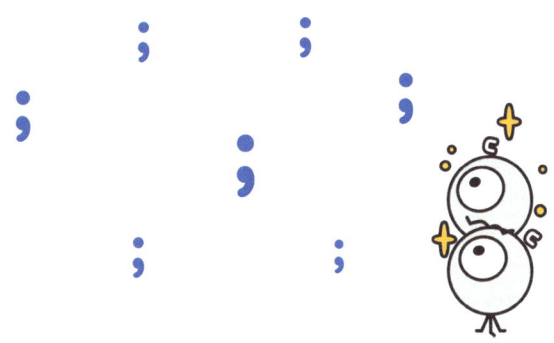

실습하기

다음과 같은 출력 화면이 나오도록 차근차근 코드를 따라 써보세요.
코드를 다 쓴 후에는 실행까지!

출력되는 화면
```
hello world!
--------------------------------
Process exited after 0.6845 seconds with return value 0
계속하려면 아무 키나 누르십시오 . . .
```

코드
```c
#include <stdio.h>

int main(){

    printf("hello world!");

    return 0;
}
```

설명

표준 입출력 라이브러리

── 메인 함수 ──

hello world!를 출력해줘!

● 숫자 출력하기

문자를 출력했으니, 이번엔 계산기의 주인공인 숫자를 화면에 출력해볼까요?
1을 출력하기 위해 printf("1"); 이라고 쓰면, 컴퓨터는 1을 문자로 이해합니다.
컴퓨터에 이 1이 정수라고 알려주려면 "정수 자리"를 만들어야 합니다.

큰따옴표로 감싼 %d를 printf( )의 괄호 안에 넣고 그 옆에 콤마를 찍은 뒤, %d에 넣고 싶은 숫자를 적습니다.
순서대로만 써주면 2개든, 3개든 상관없답니다.

```
printf("%d",1);    printf("%d %d",1,3);
```

그럼 정수 1을 출력해 볼까요?

실습하기

다음과 같은 출력 화면이 나오도록 차근차근 코드를 따라 써보세요.
코드를 다 쓴 후에는 실행까지!

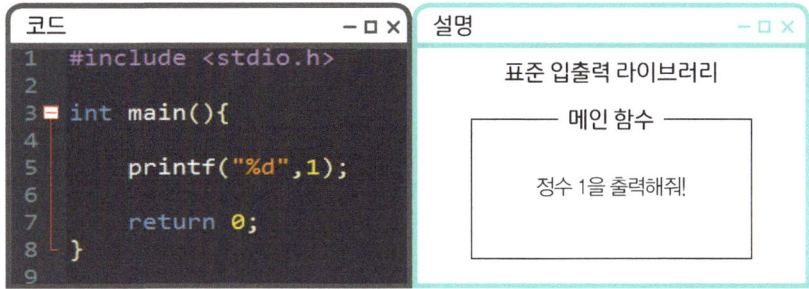

숫자와 문자 함께 출력하기

실제 계산기처럼 1+1=2를 출력해 볼까요?
세 가지 방법 모두 같은 결과를 출력합니다. 코드를 비교해보세요!

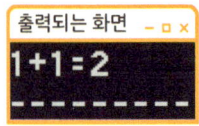

다음과 같은 출력 화면이 나오도록 차근차근 코드를 따라 써보세요.
코드를 다 쓴 후에는 실행까지!

```
출력되는 화면
1+1=2
```

```
방법1_[코드]
1  #include <stdio.h>
2
3  int main(){
4
5      printf("1+1=2");
6
7      return 0;
8  }
```

```
방법2_[코드]
1  #include <stdio.h>
2
3  int main(){
4
5      printf("1+1=%d",2);
6
7      return 0;
8  }
```

```
방법3_[코드]
1  #include <stdio.h>
2
3  int main(){
4
5      printf("%d+%d=%d",1,1,2);
6
7      return 0;
8  }
```

하지만 진짜 계산기는 1+1을 직접 계산해서 보여주죠!
위 코드들은 문자열을 단순 출력한 것일 뿐입니다. 정수를 연산한 정수 결과값이 아니에요. 큰따옴표("") 안에 있는 "1+1="은 문자열이라고 앞에서 배웠죠? 다음 장에서 컴퓨터에 계산도 시켜봅시다!

● 숫자 연산 출력하기

계산기니까 계산을 할 수 있어야 하겠죠?
더하기, 빼기, 곱하기, 나누기를 직접 시켜보아요!

더하기는 +   빼기는 -   곱하기는 *   나누기는 /

실습하기

먼저 1+1을 계산하라고 시켜볼까요? 차근차근 코드를 따라 써보세요.
코드를 다 쓴 후에는 실행까지!

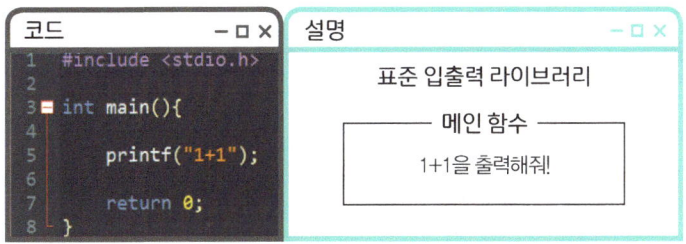

당연히 2가 나올 줄 알았는데, 1+1이 그대로 나왔어요!
컴퓨터는 큰따옴표 안에 넣으면 문자로 받아들이기 때문에 "1+1"이라는 문자열이 출력되었어요.
숫자를 계산하기 위해 꼭 정수 자리를 만들어주고 더하기를 해줘야 해요. 복잡하죠?
컴퓨터가 바보라서 그래요.

실습하기

1+1은 2가 나오도록 차근차근 코드를 따라 써보세요.
코드를 다 쓴 후에는 실행까지!

코드	설명
| ```c
#include <stdio.h>

int main(){

    printf("%d",1+1);

    return 0;
}
``` | 표준 입출력 라이브러리<br><br>──── 메인 함수 ────<br>1+1을 계산한 결과를 출력해줘! |

아래처럼 더하기, 빼기, 곱하기, 나누기도 함께 해봅시다!

실습하기

다음과 같은 출력 화면이 나오도록 차근차근 코드를 따라 써보세요.
코드를 다 쓴 후에는 실행까지!

```
출력되는 화면                                          - □ ×
10 더하기 4는 14
10 빼  기 4는 6
10 곱하기 4는 40
10 나누기 4는 2
-----------------------
Process exited after 0.7337 seconds with return value 0
계속하려면 아무 키나 누르십시오 . . .
```
```

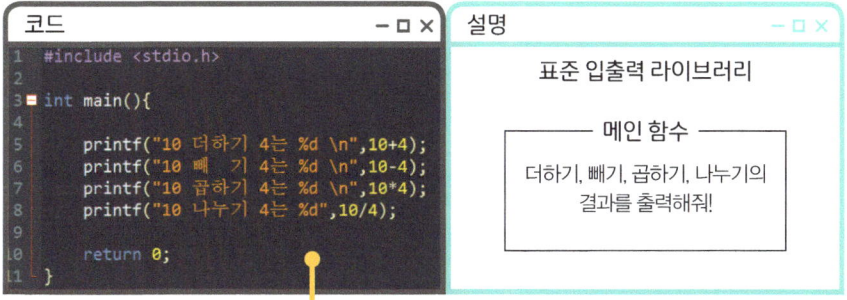

₩n을 치면 \n 이 됩니다.
엔터를 치는 것처럼 줄 바꿈의 의미에요.
(₩는 더블유가 아니라 키보드에서 엔터 위에 있는 것!)

  그런데 왜 10 나누기 4가 2.5가 아니라 2일까요?

컴퓨터가 바보라서 계산을 잘못한 걸까요? 아닙니다.
C언어에서 /는 몫을 나타내는 말이기 때문에 맞는 답입니다.

$$10 = 4 \times \underset{몫}{2} + \underset{나머지}{2}$$

미11 "가장 중요한 것은" | 117

1단계 성공!
-출력-

앞에서 printf 함수를 통해 숫자, 문자를 출력해봤습니다.
printf와 관련된 퀴즈를 풀고 printf 블록을 획득하세요!

아래의 결과처럼 출력하기 위해서 빈칸에 알맞은 내용을 넣어주세요!

[코드] printf("□ 번째 블록 획득!",1);
[결과] 1번째 블록 획득!

정답: %p

축하드립니다~
블록을 획득했어요!

숫자를 출력하고 싶을 때는
정수 자리를 만들어주고,
진짜 숫자를 뒤로 뺀다는 것! 이제
잊지 않으시겠죠?

블록 획득!

🎯 2단계 | 변수랑 놀기

변수에는 다양한 값을 담을 수 있지만,
우리는 계산기를 만드니까 숫자를 담아볼까요?

: 값을 담는 그릇

●─ 변수 사용법

우리가 원하는 값을 변수라는 그릇에 담을 수 있습니다. 단, 변수의 이름은 한 번 정하면 바꿀 수 없다는 것, 기억하세요!

➤ 변수 만들기

정수를 담는 그릇
number를 만든다.

변수를 만들 때는 위의 코드처럼, 변수의 종류와 이름을 정해야 합니다.
int는 정수(integer)의 앞글자입니다. 정수를 담는 그릇을 만든다는 의미로 변수 이름 앞에 int를 붙입니다.

➤ 값 담기

정수를 담는 그릇
number에 1을 담는다

값을 담을 때는 =을 이용합니다!
=은 '같다'는 의미가 아니라 값을 담는다. 즉, 값을 변수에 저장한다는 의미입니다.

● 변수 출력하기

계산기 안에 값을 저장하기 위해서 number라는 변수를 만들어봅시다.
그리고 변수 안에 1이라는 값을 저장하고 출력해볼까요?

number라는 변수 안에 있는 "값"을 출력해야 하므로 아래처럼 정수 자리를 만들어 주어야 한답니다.

🖱 실습하기

다음과 같은 출력 화면이 나오도록 차근차근 코드를 따라 써보세요.
코드를 다 쓴 후에는 실행까지!

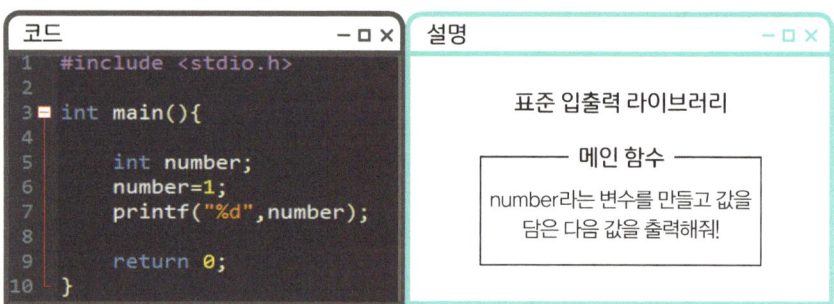

플러스 정보 🔍 만약 printf("number"); 라고 쓴다면 어떻게 될까요?

컴퓨터는 큰따옴표 안에 있는 것을 문자로 인식하기 때문에 문자 그대로를 출력합니다.

변수 안의 값을 출력하는 것과, 변수 이름 자체를 출력하는 것의 차이를 주의하세요!

변수 안의 값 바꾸기

변수 안에 있는 값은 마음대로 바꿀 수 있습니다. 대신 원래 있던 값은 사라지게 되죠. 앞에서 만든 number라는 변수의 값을 바꾸고 싶으면, 값을 또 담아주면 됩니다.

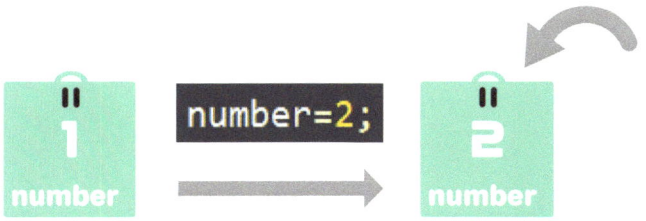

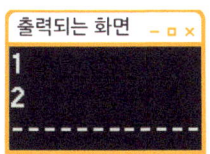

다음과 같은 출력 화면이 나오도록 차근차근 코드를 따라 써보세요.
코드를 다 쓴 후에는 실행까지!

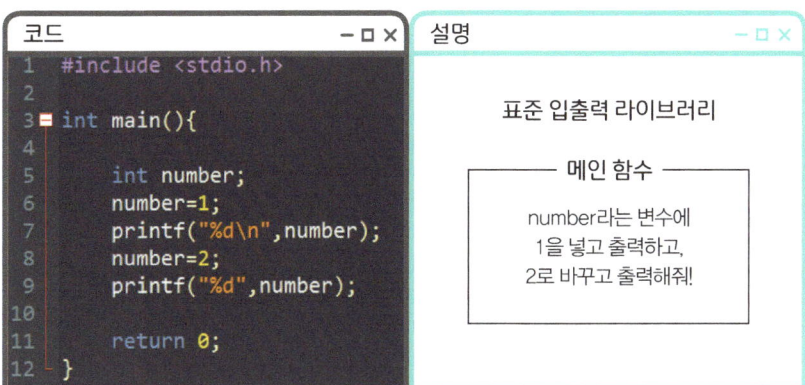

2단계 성공!
-변수-

출력에 이어 변수를 배워봤어요!
이제 퀴즈를 풀고 변수 블록을 획득하세요!

아래의 결과처럼 출력하기 위해서 빈칸에 알맞은 내용을 넣어주세요!

[코드] int age ;
        age = ☐ ;
        printf("저는 %d살 입니다!", ☐);
[결과] 저는 20살 입니다!

정답: 20, age

축하드립니다~
변수 블록을 획득했어요!

변수에 값을 저장하고,
출력해 주는 방법,
잊지 마세요!

3단계 | 숫자 입력하기

계산기에 원하는 숫자를 입력하기 위해,
입력하는 방법을 배워봅시다!

: 사람이 컴퓨터에 정보를
  알려주는 것

• scanf 함수 사용법

입력은 IDE에 코드를 작성하는 행동이 아닌, 코드를 실행하면 나오는 컴퓨터 실행창에 숫자를 직접 입력하는 것입니다.

C언어에서는 입력을 위해 scanf 함수를 사용합니다. scanf 함수를 사용하려면 입력한 정보를 담을 그릇인 변수가 필요합니다.

> 변수 만들기

int는 정수(integer)의 앞글자입니다. 정수를 담는 그릇을 만들기 위해 변수의 이름 앞에 int를 붙입니다. 이제 scanf를 통해 변수에 값을 담아봅시다!

> 값 넣기

%d는 정수를 입력받기 위한 자리입니다. %d로 입력 받은 정수는 &number를 통해 number 변수에 담깁니다. 이처럼 scanf를 써주면, 실행창에서 정수를 입력할 수 있습니다. (*주의: scanf 함수에는 입력값을 담을 변수 이름 앞에 꼭 &를 붙여야 합니다!)

● 입력과 출력 비교하기

출력 함수인 printf와 비교해볼까요?
아직 scanf가 와닿지 않으신다고요?
그렇다면 코딩을 통해 직접 느껴봅시다!

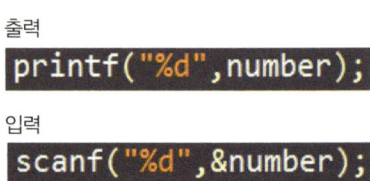

실습하기

다음과 같은 출력 화면이 나오도록 차근차근 코드를 따라 써보세요.
코드를 다 쓴 후에는 실행까지!

아래의 코드를 실행시키고 나면 오른쪽 그림처럼 실행창에 아무것도 안 보입니다. 당황하지 마세요. 정상입니다.

```c
#include <stdio.h>

int main(){

    int number;

    scanf("%d",&number);

    return 0;
}
```

표준 입출력 라이브러리

── 메인 함수 ──
number라는 변수에
값을 입력받아줘!

scanf를 사용했으니 사용자가 실행창에 직접 입력해 주어야 합니다.
10을 입력하고 Enter를 쳐주세요.

 실행창에 나온 10이라는 글자는 printf로 출력한 숫자가
아니라 여러분이 입력할 때 볼 수 있도록 만든 글자로,
실제 출력이 아닙니다!

입력한 값을 보고 싶으면 출력을 해야겠죠?

10이라는 숫자를 입력받고, 그 숫자를 출력해봅시다.
입력할 때 실행창에 보이는 숫자와 출력할 때 실행창에 보이는 숫자의 차이를 느껴보세요!

실습하기

다음과 같은 출력 화면이 나오도록 차근차근 코드를 따라 써보세요.
코드를 다 쓴 후에는 실행까지!

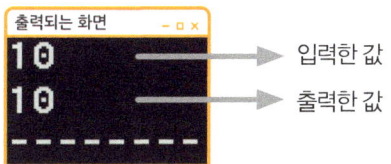

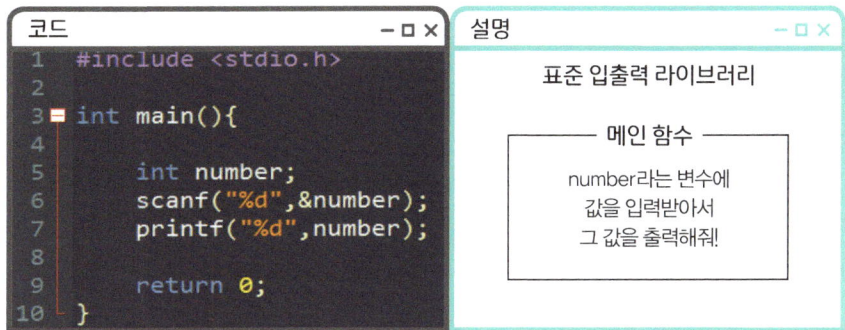

● 숫자 2개 입력하기

계산을 할 때는 숫자가 2개 이상이어야겠죠? 2개의 숫자를 입력받아 봅시다!
입력할 숫자가 2개니까 변수도 2개를 만들어야겠죠?

>변수 만들기

🖱️ 실습하기

다음과 같은 출력 화면이 나오도록 차근차근 코드를 따라 써보세요.
코드를 다 쓴 후에는 실행까지!

하나를 입력하고 Enter를 쳐주세요!

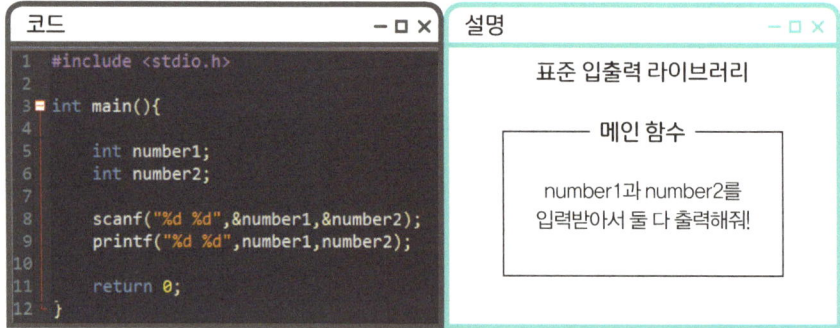

더하기 계산기 만들기

두 수를 입력하면 더한 값을 출력해주는 더하기 계산기를 만들어 볼까요? (두근두근)
더한 값을 저장하기 위해서 result라는 새로운 변수를 만들어 봅시다.
그리고 그 값을 출력해봅시다.

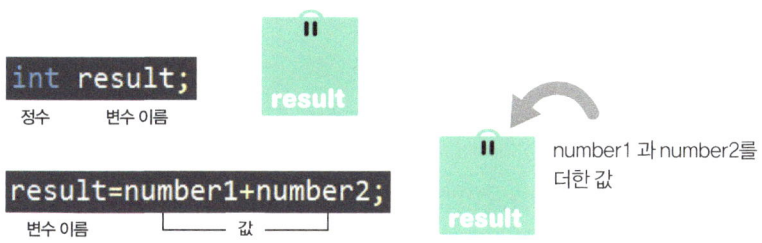

실습하기

다음과 같은 출력 화면이 나오도록 차근차근 코드를 따라 써보세요.
코드를 다 쓴 후에는 실행까지!

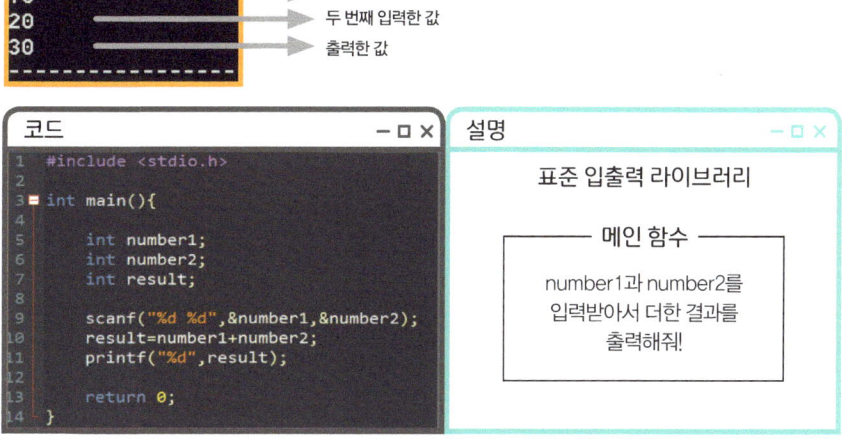

● 문자 입력하기

계산기를 쓸 때 숫자만 입력하는 게 아니라 +, -, *, / 도 입력하죠?
+, -, *, / 는 모두 문자이기 때문에 문자를 입력받을 변수를 만들어야 해요.

> 변수 만들기

char는 문자(character)의 앞글자입니다.
문자를 담는 그릇을 만든다는 의미로 변수 이름 앞에 char를 붙입니다.

> 값 담기

사람이 실행창(실행하면 나오는 검은 창)에서 직접 입력합니다.
%c는 문자 자리를 알려주는 일을 합니다.

🖱 실습하기

다음과 같은 출력 화면이 나오도록 차근차근 코드를 따라 써보세요.
코드를 다 쓴 후에는 실행까지!

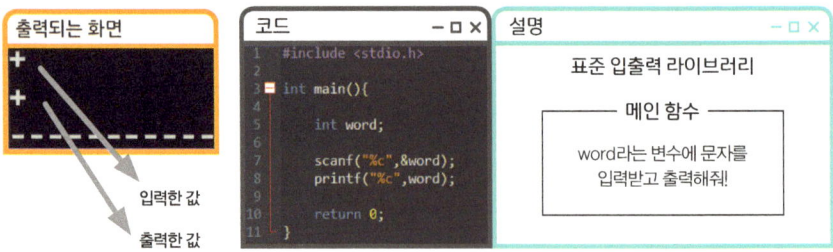

128 | 코딩으로 지구정복

3단계 성공!
-입력-

scanf 함수를 통해 입력하는 방법을 배워봤어요!
퀴즈를 풀면, 입력 블록을 획득할 수 있어요!

아래의 결과처럼 출력하기 위해서 빈칸에 알맞은 내용을 담아주세요!

[코드] int age ;
　　　　scanf("%d", ☐);
　　　　printf("저는 %d살입니다!", ☐);
[결과] 저는 20살입니다!

정답 : &age, age

와! 입력 블록을 획득했어요!
입력할 땐, 변수에 입력값을 저장해 주어야
한다는 것 기억하세요!
또한 printf와 scanf의 차이를
혼동하지 마세요!

블록 획득!

4단계 | 조건 확인하기

계산기의 + 버튼을 눌러 더하기를, – 버튼을 눌러 빼기를 실행하죠?
우리도 +가 들어오면 더하기를, –가 들어오면 빼기를 실행해 보아요!

: 어떤 조건이 맞을 때만 실행

● 조건문 사용법

if 뒤의 괄호( ) 안에 확인하고 싶은 조건을 씁니다.
예를 들어, number라는 변수의 값이 1인지 궁금하다면, number==1이니?라는 조건을 넣습니다.

※ = 은 저장한다는 의미, ==은 같다는 의미라는 것, 기억하시죠?

C에서 조건문의 문법이 파이썬과 조금 다릅니다. 파이썬은 소괄호( )와 콜론(:)을 사용하지만, C에서는 소괄호( )와 중괄호{ }를 사용해서 조건문을 완성합니다. 중괄호{ }가 잘 닫혀 있는지 확인하는 것이 중요해요!

```
8   if(number==1){
9       printf("number는 1입니다!");
10  }
```

그리고 { } 안에는 조건이 참일 때, 실행할 명령을 작성합니다.
여기서는 "number는 1입니다."를 출력합니다.

다음과 같은 출력 화면이 나오도록 차근차근 코드를 따라 써보세요.
코드를 다 쓴 후에는 실행까지!

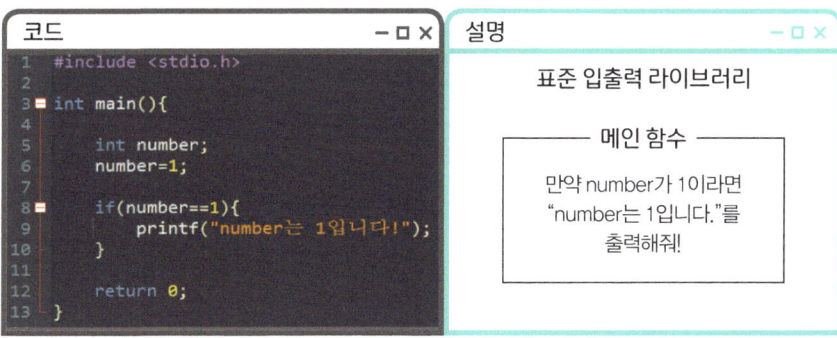

if와 else

그렇다면, 괄호( ) 안의 조건이 거짓일 때 실행할 명령도 적어줘야겠죠?
그럴 때는 if 밑에 else를 적은 후 { } 안에 넣어주세요.

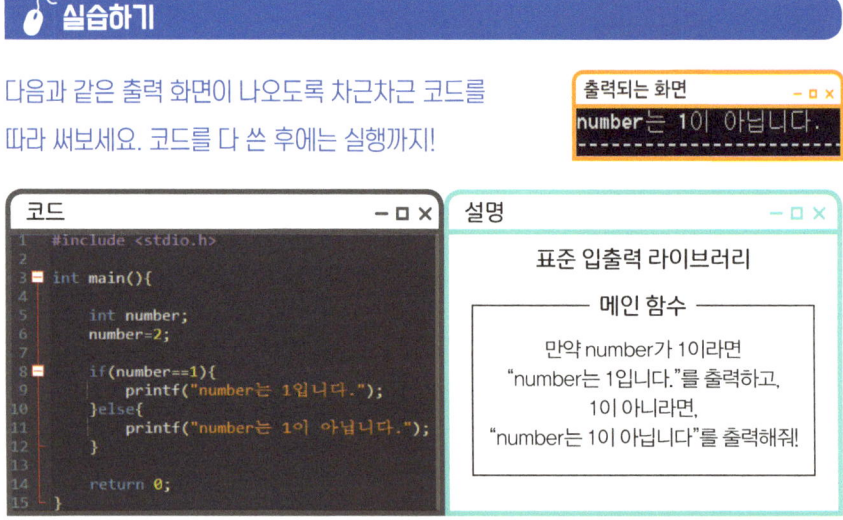

number의 값이 1이 아니라면 if 안의 조건이 거짓이므로, else 안의 명령이 실행되겠죠? 아래처럼요!

실습하기

다음과 같은 출력 화면이 나오도록 차근차근 코드를 따라 써보세요. 코드를 다 쓴 후에는 실행까지!

출력되는 화면
number는 1이 아닙니다.

코드
```
#include <stdio.h>

int main(){

    int number;
    number=2;

    if(number==1){
        printf("number는 1입니다.");
    }else{
        printf("number는 1이 아닙니다.");
    }

    return 0;
}
```

설명

표준 입출력 라이브러리

메인 함수

만약 number가 1이라면
"number는 1입니다."를 출력하고,
1이 아니라면,
"number는 1이 아닙니다"를 출력해줘!

자, 이제 우리는 연산자가 +인지 -인지 확인해야겠죠? 연산자를 입력받아서 조건문으로 확인해봅시다! 앞에서 배운 입력과 변수 개념도 추가로 필요합니다.

> **변수 만들기**

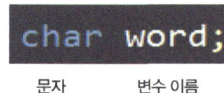
문자　변수 이름

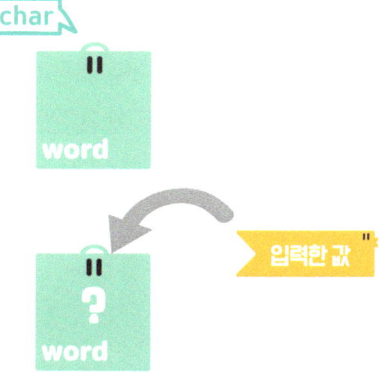

> **값 담기**

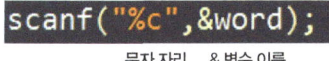
문자 자리　& 변수 이름

연산자는 문자이기 때문에 char를 사용해서 변수를 만들어주고, %c와 &word를 통해 입력받습니다. 이제 +와 -문자를 입력받고, 받은 문자가 +이면 "+입니다"를, 아니면 "+가 아닙니다"를 출력해봅시다.

실습하기

다음과 같은 출력 화면이 나오도록 차근차근 코드를 따라 써보세요.
코드를 다 쓴 후에는 실행까지!

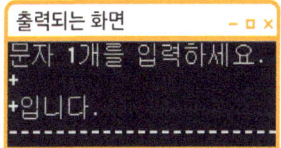
입력한 문자가 +일 때 출력되는 화면

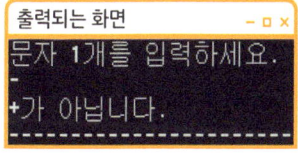
입력한 문자가 +가 아닐 때 출력되는 화면

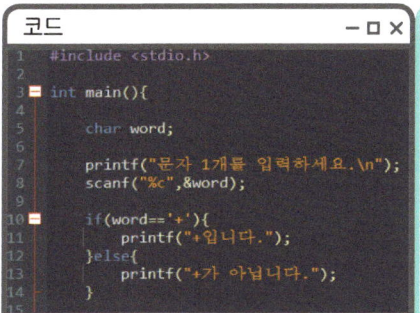

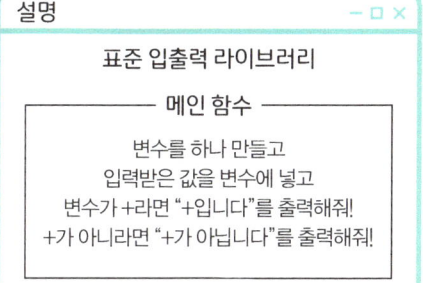

표준 입출력 라이브러리

— 메인 함수 —

변수를 하나 만들고
입력받은 값을 변수에 넣고
변수가 +라면 "+입니다"를 출력해줘!
+가 아니라면 "+가 아닙니다"를 출력해줘!

● if와 else if

그런데 조건 하나만 확인하는 것은 조금 아쉬운 것 같아요. 그럴 땐 else if를 사용해서 새로운 조건을 확인할 수 있답니다! else if는 첫 번째 조건이 거짓일 때 다른 조건을 확인하기 위해 사용합니다.

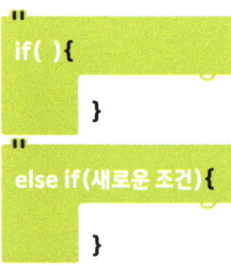

 else if를 코딩할 때 띄어쓰기를 주의하세요! 띄어쓰기 없이 elseif로 쓰게 되면 오류가 발생합니다.

else if를 여러 번 쓰면? 여러 조건을 확인할 수 있겠죠?

이제, 문자를 입력받고, 받은 문자가 +이면 "+입니다."를, -이면 "-입니다."를, 둘 다 아니라면 "+와 - 둘 다 아닙니다."를 출력해봅시다.

다음과 같은 출력 화면이 나오도록 차근차근 코드를 따라 써보세요.
코드를 다 쓴 후에는 실행까지!

입력한 문자가 +일 때   입력한 문자가 −일 때   입력한 문자가 +도 −도 아닐 때

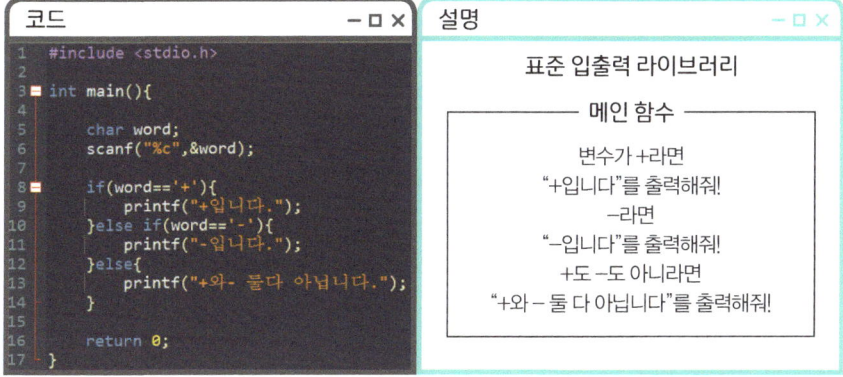

```c
#include <stdio.h>

int main(){

    char word;
    scanf("%c",&word);

    if(word=='+'){
        printf("+입니다.");
    }else if(word=='-'){
        printf("-입니다.");
    }else{
        printf("+와- 둘다 아닙니다.");
    }

    return 0;
}
```

설명

표준 입출력 라이브러리

― 메인 함수 ―

변수가 +라면
"+입니다"를 출력해줘!
−라면
"−입니다"를 출력해줘!
+도 −도 아니라면
"+와 − 둘 다 아닙니다"를 출력해줘!

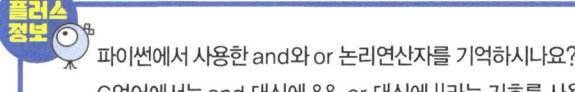

파이썬에서 사용한 and와 or 논리연산자를 기억하시나요?
C언어에서는 and 대신에 &&, or 대신에 ||라는 기호를 사용한답니다.

4단계 성공!
-조건문-

조건문 if를 사용해 보았어요!
관련된 퀴즈를 풀고,
조건문 블록을 얻어볼까요?

여러분이 입력한 입력값이 20일 때 [결과 1]이,
입력한 값이 23일 때는 [결과 2]가 출력되도록 빈칸을 채워주세요!

[코드] int age ;
　　　　scanf("%d", &age);
　　　　if(age ☐ 20){
　　　　printf("저는 %d살입니다!", age);
　　　　} ☐ (age ☐ 23){
　　　　printf("20살 보다 3살 많은 %d살입니다!", age);
　　　　}else{
　　　　printf("다른 값을 입력해주세요!");
　　　　}
[결과 1] 저는 20살 입니다!
[결과 2] 20살보다 3살 많은 23살입니다!

블록 획득!

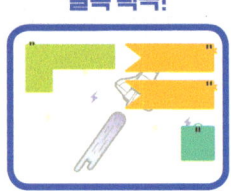

세상에!
조건문 블록을 획득했어요!
블록을 거의 다 모았네요. 조금만 더 힘내세요!

정답 : ==, else if, ==

5단계 | 원하는 만큼 계산 반복하기

계산을 할 때마다 코드를 다시 실행해야 해서 너무 귀찮죠?
원하는 만큼 계산을 반복할 수 있도록 반복문을 사용해 보아요!

: 똑같은 일을 반복하고 싶을 때 사용

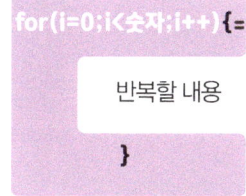

for(i=0;i<숫자;i++) {
반복할 내용
}

만약 아래 출력되는 화면처럼 하고 싶은 말을 다섯 번 반복하기 위해 printf를 다섯 번이나 쓴다면 너무 귀찮겠죠?
으아! 끔찍하네요. 하지만 걱정하지 마세요. 반복문이 해결해 줄 거예요!

실습하기

다음과 같은 출력 화면이 나오도록 차근차근
코드를 따라 써보세요.
코드를 다 쓴 후에는 실행까지!

출력되는 화면

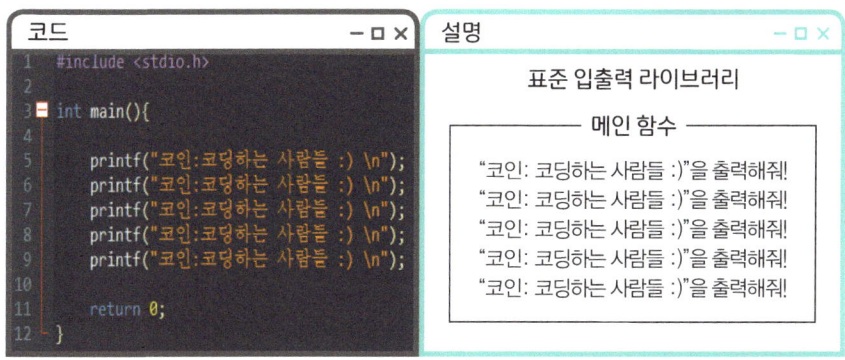

● 반복문 사용법

먼저 횟수를 세줄 변수 i를 만듭니다.

>변수 만들기

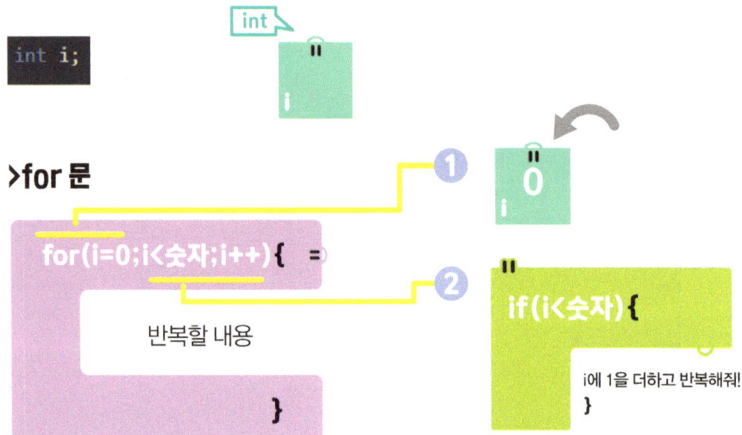

>for 문

❶ 우선, 변수 i에 0을 담아줍니다.
❷ 2단원에서 반복문 안에 조건문이 들어 있었던 것, 기억하죠?
이 조건문은 i가 '숫자'보다 작으면 i에 1을 더하고 내용을 반복해 준답니다.
i가 '숫자'가 된다면, 반복이 멈추죠.
(여기서 잠깐! i++은 i의 값이 매 반복 턴 마다 +1이 되는 규칙을 말합니다. 비슷하게 i--는 i의 값이 반복 턴마다 -1이 되는 규칙입니다.)

즉, 반복문은 '숫자'번 반복이 되는 것이죠.

조금 어렵죠? ㅜㅜ 예시를 들어 천천히 설명해 볼게요.

```
int i;
for(i=0; i<3; i++){
    printf("야호!");
}
```

위의 코드를 보면 맨 처음, 횟수를 세어 줄 변수 i를 만들었어요. 그리고 반복문으로 "야호!"를 3번 출력하라고 시켰죠. 그 과정을 나타낸 그림입니다.

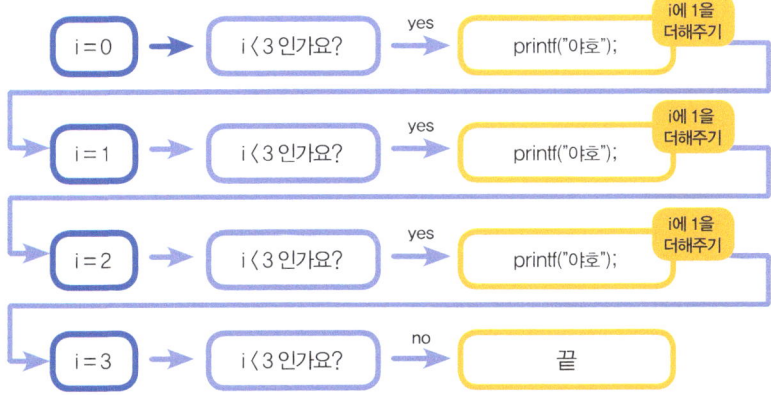

이렇게 i의 값이 반복 조건을 만족하면 반복할 내용을 실행하고, 반복 조건을 만족하지 못하면 반복을 멈추게 됩니다. 그래서 총 3번 반복을 하게 되었죠!
이제, 코딩을 통해 반복문을 느껴볼까요?

다음과 같은 출력 화면이 나오도록 차근차근 코드를 따라 써보세요.
코드를 다 쓴 후에는 실행까지!

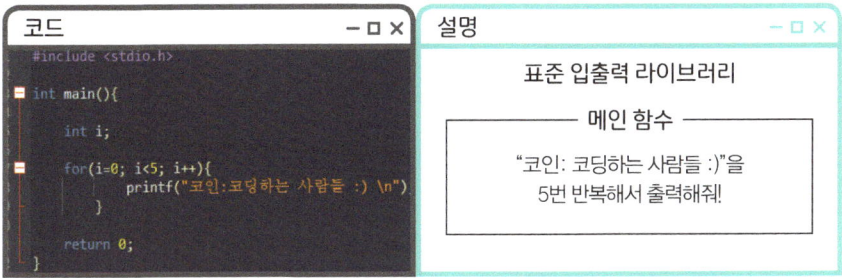

5단계 성공!
-반복문-

마지막으로 반복문을 획득하러 가볼까요?

아래의 결과처럼 출력하기 위해서 빈칸에 알맞은 내용을 넣어주세요!

[코드] int i;
　　　　☐☐☐☐ (i=0; i< ☐; i++){
　　　　printf("코딩으로 지구정복! n");
　　　　}
[결과] 코딩으로 지구정복!
　　　　코딩으로 지구정복!
　　　　코딩으로 지구정복!
　　　　코딩으로 지구정복!

정답 : for, 4

축하드립니다~
반복문 블록까지 모두 획득했어요!

i를 0부터 반복 횟수 전까지 센다는 것,
잊지 마세요~

블록 획득!

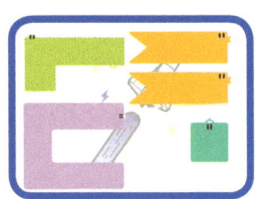

이제 준비는 끝났어요! 그럼 계산기를 만들어 볼까요?
먼저 전체 코드를 읽어보세요. 익숙한 단어들이 많이 나올 거예요.

잠깐! 코드 설명을 다 읽은 후 코드를 따라 쓰세요.

```c
#include <stdio.h>

int main(){
    int i;

    for(i=0; i<3; i++){

        int num1;
        int num2;
        char oper;
        int result;

        printf("첫번째 숫자를 입력하세요.\n");
        scanf("%d",&num1);
        fflush(stdin);
        printf("+, -, *, / 중 하나를 입력하세요.\n");
        scanf("%c",&oper);
        printf("두번째 숫자를 입력하세요.\n");
        scanf("%d",&num2);

        if(oper=='+'){
            result=num1+num2;
            printf("%d %c %d = %d\n",num1,oper,num2,result);
        }else if(oper=='-'){
            result=num1-num2;
            printf("%d %c %d = %d\n",num1,oper,num2,result);
        }else if(oper=='*'){
            result=num1*num2;
            printf("%d %c %d = %d\n",num1,oper,num2,result);
        }else if(oper=='/'){
            result=num1/num2;
            printf("%d %c %d = %d\n",num1,oper,num2,result);
        }else{
            printf("잘못된 수식입니다.\n");
        }
    }

    return 0;
}
```

몇 가지 처음 보는 코드가 있긴 하지만,
그래도 어느 정도 읽히는 것 같지 않나요? 그럼 함께 하나씩 읽으러 갑시다!

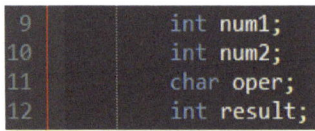 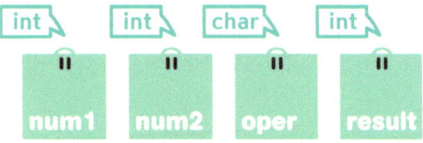

먼저, 변수를 만들어 줬어요.

계산할 두 숫자를 담을 num1, num2와 연산자를 담을 oper,

계산한 값을 담을 result.

그리고 차근차근 입력을 받습니다. 계산기를 두드릴 때처럼요.

```
printf("첫번째 숫자를 입력하세요.\n");
scanf("%d",&num1);
fflush(stdin);
printf("+, -, *, / 중 하나를 입력하세요.\n");
scanf("%c",&oper);
printf("두번째 숫자를 입력하세요.\n");
scanf("%d",&num2);
```

scanf를 이용하여 첫 번째 숫자를 num1 변수에 받고, 연산자를 oper 변수에 받고, 두 번째 숫자를 num2 변수에 받습니다.

플러스 정보

이때 fflush(stdin); 이라는 못 보던 문장이 나왔어요. 첫 번째 숫자를 입력한 후 Enter를 치면, 컴퓨터는 바보라서 Enter을 하나의 문자로 알아들어요. Enter는 숫자 자리 %d에는 못 들어가지만, 문자 자리 %c에는 들어갈 수 있어요. 그래서 oper에 Enter가 들어가지 않도록 지워주는 일을 fflush(stdin);가 해준답니다.

우리는 지금 +를 입력하면 더하기를 해주고, -를 입력하면 빼기를 해주는 계산기를 만들고 있어요. 조건문을 이용해 입력받은 문자에 따라 다른 계산을 하게 만들어야 합니다.

```
22  if(oper=='+'){
23      result=num1+num2;
24      printf("%d %c %d = %d\n",num1,oper,num2,result);
25  }else if(oper=='-'){
26      result=num1-num2;
27      printf("%d %c %d = %d\n",num1,oper,num2,result);
28  }else if(oper=='*'){
29      result=num1*num2;
30      printf("%d %c %d = %d\n",num1,oper,num2,result);
31  }else if(oper=='/'){
32      result=num1/num2;
33      printf("%d %c %d = %d\n",num1,oper,num2,result);
34  }else{
35      printf("잘못된 수식입니다.\n");
36  }
```

if(oper=='+'){
    result=num1+num2;
}

◀── 만약 oper가 +라면
◀── result에는 두 수를 더한 값을 넣게 했죠.

else if를 사용하여 oper가 -일 때의 경우도 넣어주었죠.

else if(oper=='-'){
    result=num1-num2;
}

◀── 만약 oper가 -라면
◀── result에는 두 수를 뺀 값을 넣게 했죠.

그리고 oper에 넣은 문자가 +, -, *, / 모두 아니라면, 계산하지 못하니 잘못된 수식이란 것을 알려주었죠.

else {
    printf("잘못된 수식입니다.");
}

◀── 만약 oper가 +, -, *, / 모두 아니면
◀── 잘못된 수식임을 출력해주었죠.

마지막으로 반복문!

계산기를 총 3번 반복하기 위해서,

계산기 전체 코드(8번째 줄~36번째 줄)를 반복문 안에 넣어 주었어요.

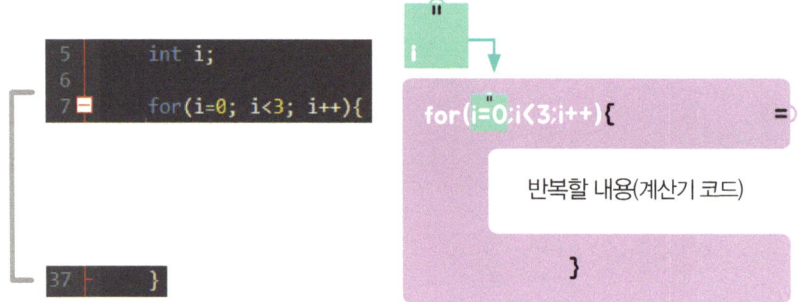

실습하기

이제 앞으로 돌아가 전체 코드를 차근차근 따라 써보세요.
코드를 다 쓴 후에는 실행까지!

코딩을 시작하는 여러분이 직접
'코딩'으로 계산기를 만들었어요~
와~~ 짝짝짝!
마지막으로 아래 화면과 결과를 비교하며
잘 만들어졌는지 확인해보세요!

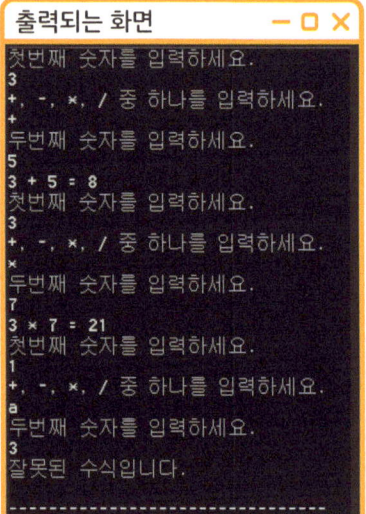

완성된 코드
살펴보기

<내가 만든 코드>

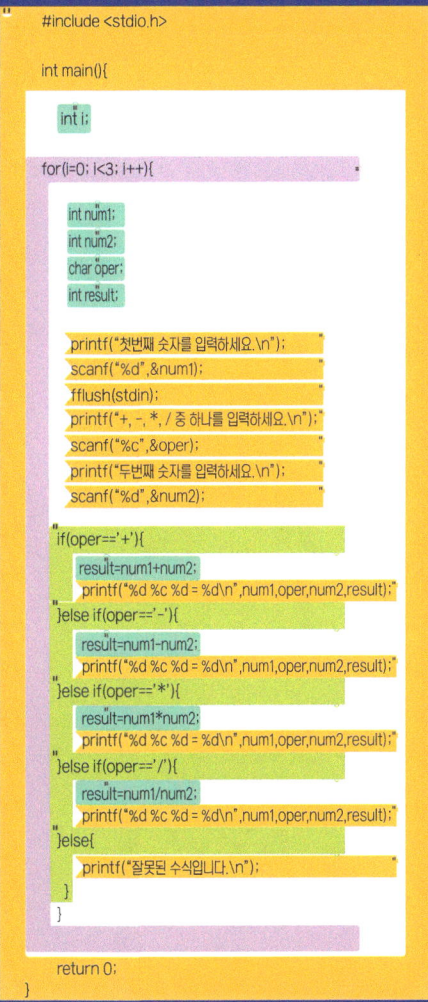

< 획득한 블록 >

모든 블록

자, 어때요?
다섯 단계에서 모았던
블록들이 잘 보이시나요?
한 단계 한 단계 차근차근
배웠더니 결국 블록으로
이루어진 멋진 계산기가 완성되었죠?!
코드의 완성을 축하합니다!

100 C언어 행운 번호 추첨기

조금 더, 코딩을 알아보자!
불친절한 C언어 행운 번호 추첨기

여러분!
C언어 계산기는 잘 만들어 보셨나요?
이제 조금 더 새로운 도구들로
C언어 행운 번호 추첨기를 만들어 볼 것이에요.
그 전에
불친절한 행운 번호 추첨기에 대해 알아볼까요?

불친절한 행운 번호 추첨기의 특징

❶ 번호의 범위는 1부터 45이다.
❷ 총 여섯 개의 번호를 랜덤으로 추첨한다.
　단, 중복인 수가 나올 수도 있습니다.
　중복인 수가 나오면 그냥 다시 추첨하세요 ^^.

참으로 불친절한 행운 번호 추첨기가 아닐 수 없네요.
중복인 수가 나오면 다시 추첨해야 한다니!

그래도 만들고자 하는 기능을 정했으니,
이제 본격적인 코딩을 시작해볼까요?

1단계 | 랜덤값 뽑아보기

행운 번호 추첨기를 만들기 위한 첫 번째 단계입니다.
6개의 랜덤 값을 뽑기 전에 먼저 한 개의 랜덤값을 뽑아 보아요!

● 함수

: 자주 쓰는 코드를 저장해
  놓은 것

● 함수와 라이브러리

라이브러리(Library)는 자주 쓰이는 함수를 미리 만들어 담아 놓은 도서관입니다.
※152쪽 쉬어가기를 참고하세요.

불친절한 행운 번호 추첨기에서는 'stdio.h'와 'stdlib.h', 그리고 'time.h' 라이브러리를 사용합니다. 한 번 불러와 볼까요?

```
1  #include <stdio.h>
2  #include <stdlib.h>
3  #include <time.h>
```

● 함수의 종류와 쓰임

불러온 세 개의 라이브러리 안에는 각각 우리가 사용할 함수인 printf, rand, srand, time 함수가 들어있습니다.

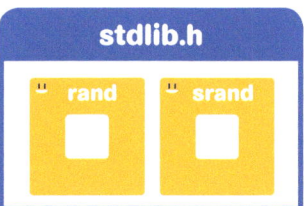

각 함수의 쓰임을 알아볼까요?

여러분이 수십 번 사용한 출력 함수입니다.
원하는 숫자나 문자를 출력할 수 있지요!

0~32767 사이 범위의 정수를
랜덤으로 뽑아주는 함수입니다!

rand 함수를 보조하여
코드를 실행할 때마다
다른 랜덤값이 나오게 해주는
함수입니다.

srand와 time 함수에 관하여 더 자세한 설명이 필요하다면
구글 검색창에 'C언어 시드(seed) 함수'를 검색해주세요!

● 함수 사용법 : 함수 '호출'하기

라이브러리에 담긴 함수를 사용하려면,
함수의 이름에 괄호( )를 붙여 불러주면 됩니다.
이를 '호출'이라고 해요.

다 함께 함수의 이름을 호출해봅시다! 함수( )야~!

● 함수와 변수

rand 함수는 호출한 결과값을 변수에 저장할 수 있습니다.

num이라는 변수를 만들고,
srand와 time함수를 활용하여 rand함수를 호출한 값을 담아보아요!

```
int num;
srand(time(NULL));
num = rand();
```

실습하기

이제, 앞에서 배운 라이브러리, 함수 호출, 변수를 종합하여 랜덤값 하나를 뽑아 출력하는 코드를 작성해 봅시다!

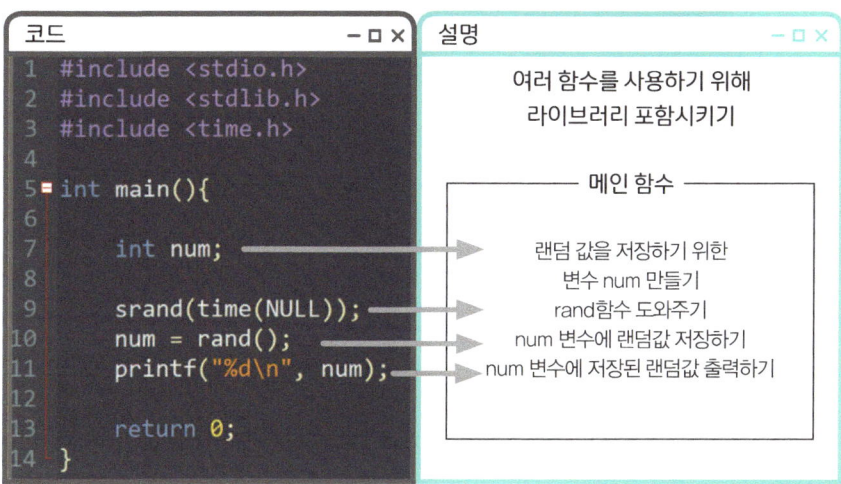

혹시, 출력 결과와 다른 값이 출력되었나요?

그랬다면 잘하셨어요!
출력된 값은 무작위로 뽑은 랜덤값이니까요!

쉬어가기

정리하지 않고 가면 헷갈릴지도 몰라요!

1단계에서 배운 함수와 관련된 문제를 풀어보며 내용을 되새겨보아요!

1. 호출한 함수는 원래 어떤 라이브러리 안에 있었을까요? 선을 이어보아요!

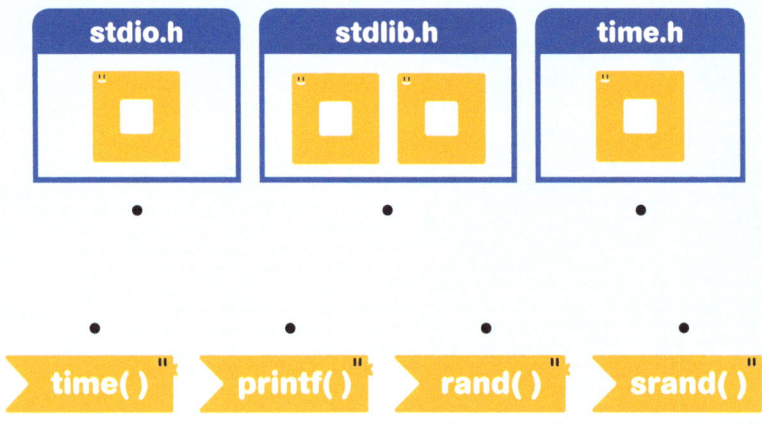

2. 오늘 호출한 함수 중, 변수에 값을 담을 수 있었던 함수는 무엇일까요? 호출 블록 안을 채워보세요!

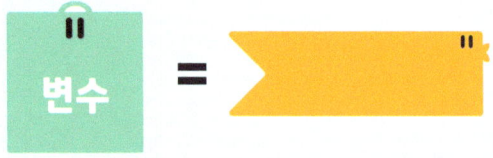

정답 : 1. stdio.h – printf / stdlib.h – rand, srand / time.h – time 2. rand( )

2단계 | 1부터 45 사이의 랜덤값 뽑아보기

랜덤값을 뽑긴 했는데, rand 함수 값의 범위가 0부터 32767까지라서
너무 큰 수가 나오지는 않았나요?
이 랜덤값의 범위를 1부터 45로 제한하려면 어떻게 할까요?

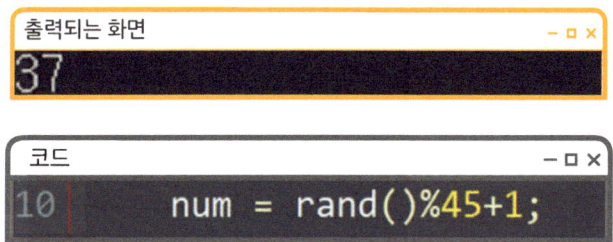

num = rand();를 위와 같이 바꾸면 됩니다.

코딩에서는 원하는 기능을 구현하기 위한 도구로 간단한 수학이 사용됩니다.
위에서 사용한 수학은 %(나머지) 연산자 입니다.

플러스 정보 🔎 나머지 연산이란?

나머지는 한 정수를 다른 정수로 나누었을 때 나누어 떨어지지 않고 남은 값입니다.
예를 들어, 9를 2로 나누면 몫이 4가 되고 나머지는 1이 되죠?
이를 9 % 2 = 1 이라 표현합니다.

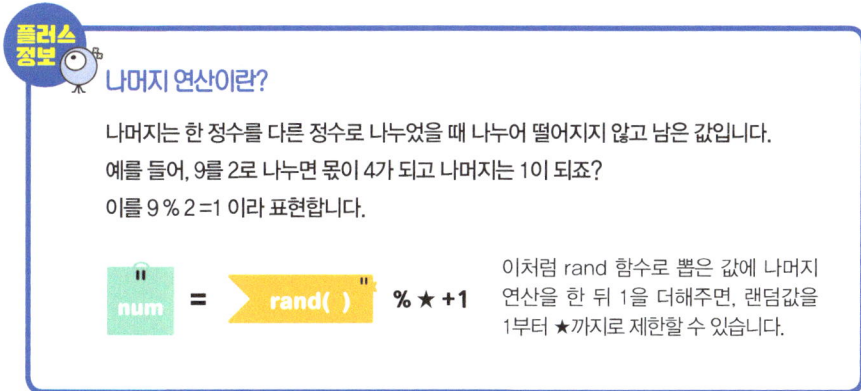

이처럼 rand 함수로 뽑은 값에 나머지 연산을 한 뒤 1을 더해주면, 랜덤값을 1부터 ★까지로 제한할 수 있습니다.

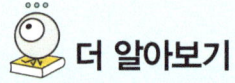
더 알아보기
나머지 연산을
숫자 범위 제한에 쓰는 이유

나머지 연산을 이용하면 뽑기를 원하는 숫자의 범위를 제한할 수 있습니다.

아무리 큰 수라도 특정 정수 ★로 나누면,
그 나머지는 특정 정수 ★을 넘지 않기 때문입니다.

설명이 어려우면 예시를 보아요! ★이 3일 때의 예시입니다.

> ex) 10을 3으로 나눈 나머지는 1입니다.
> 11을 3으로 나눈 나머지는 2입니다.
> 12를 3으로 나눈 나머지는 0입니다.
> 13을 3으로 나눈 나머지는 1입니다.
> …
> 이렇듯 3보다 큰 수를 3으로 나눈 나머지는 3을 넘지 않습니다.
> 0, 1, 2가 반복되죠.
>
> 만약 45 보다 큰 수를 45로 나눴다면,
> 그 나머지는 0, 1, 2, 3, …, 44가 반복되는 꼴로 45를 넘지 않습니다.

다시 코드를 볼까요?

```
10    num = rand()%45+1;
```

이제 나머지 %는 알겠어요. 다 알겠는데, 그럼 +1은 왜 해준 것이냐고요?

45로 나눈 나머지가 0~44의 범위이기 때문에 1~45로 만들어 주기 위해 1을 더해준 것이랍니다.

쉬어가기

정리하지 않고 가면 헷갈릴지도 몰라요!
2단계에서 배운 내용을 바탕으로 문제를 풀어보아요!

1. 방금 사용한 연산자는?

❶ 응   ❷ 0I0   ❸ o-o   ❹ O/O   ❺ %

2. 나머지 연산 해보기

1) 8 % 3 =
2) 15 % 7 =
3) 13 % 5 =

3. 주사위 만들어보기

눈이 6개인 주사위를 만들기 위한 코드입니다. ☐를 채워보세요!

num = rand( ) % ☐ + 1;

정답: 1. ⑤ 2. 1) 2, 2-2) 1, 2-3) 3 3. 6

🐣 3단계 | 1부터 45 사이의 랜덤값 6개 뽑아보기

이때까지 한 개의 랜덤값만 뽑았다면,
이제 6개의 랜덤값을 뽑아 줄 것이에요.
총 3가지의 방법으로 6개의 랜덤값을 뽑아보아요!

방법 1) 변수 하나하나 여섯 번 만들어 주기

첫 번째 방법은 여섯 개의 변수를 모두 만드는 것입니다. num1부터 num6까지의 이름의 int형 변수를 만들어, 각각에 랜덤값을 담아볼게요!

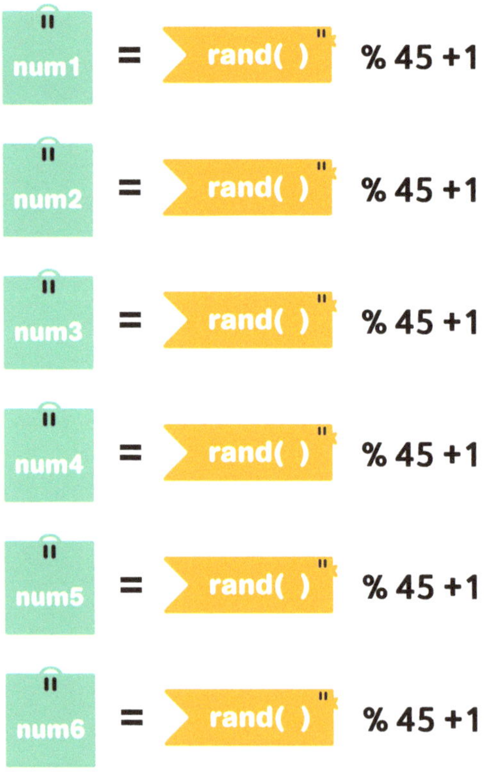

num1 = rand( ) % 45 +1

num2 = rand( ) % 45 +1

num3 = rand( ) % 45 +1

num4 = rand( ) % 45 +1

num5 = rand( ) % 45 +1

num6 = rand( ) % 45 +1

실습하기

여섯 개의 변수에 값을 하나하나 담아보아요!

```
#include <stdio.h>
#include <stdlib.h>
#include <time.h>

int main(){

    int num1;
    int num2;
    int num3;
    int num4;
    int num5;
    int num6;

    srand(time(NULL));
    num1 = rand()%45 + 1;
    num2 = rand()%45 + 1;
    num3 = rand()%45 + 1;
    num4 = rand()%45 + 1;
    num5 = rand()%45 + 1;
    num6 = rand()%45 + 1;

    printf("%d\n", num1);
    printf("%d\n", num2);
    printf("%d\n", num3);
    printf("%d\n", num4);
    printf("%d\n", num5);
    printf("%d\n", num6);

    return 0;
}
```

- 랜덤값 담을 변수를 6개 만들기
- 6개의 변수에 각각 랜덤값 담기
- 6개의 변수에 담긴 값 각각 출력하기

여기까지 잘 따라오셨나요?
결과가 잘 출력되었다면, 아주 잘하셨어요!

하지만, 비슷한 변수들을 6개나 선언하려니 너무 귀찮지 않으셨나요?
그럴 땐, 배열을 이용하면 됩니다!

방법 2) 비슷한 성격의 변수를 한꺼번에 만들 수 있는 배열 이용하기

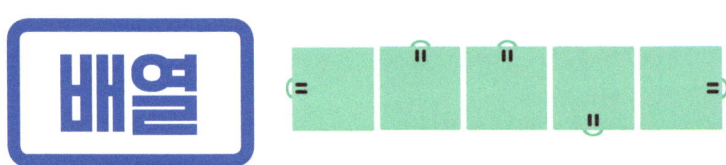

: 같은 성격의 변수를
  한번에 묶어 표현하는 것

배열의 사용

배열을 사용하려면,

 배열이 담는 변수들의 종류를 정해주어야 합니다. 배열은 같은 성격, 즉 같은 종류의 변수만 담을 수 있기 때문입니다.

 배열의 이름을 정해주어야 합니다. 배열의 이름이 곧 배열 속 변수의 이름이 되기 때문입니다.

 배열이 몇 개의 변수를 담을 지 정해주어야 합니다.

앞의 순서대로 배열을 사용해보아요!

첫째

우선, 배열이 담을 변수의 종류를 정해주겠습니다. 우리는 정수인 행운 번호를 담을 것이므로 int형으로 정해줍시다!

int

둘째

이제, 배열의 이름을 정해주겠습니다. 숫자를 넣을 것이므로 num이라 이름 지어 보아요.

int num

셋째

마지막으로, 배열에 몇 개의 변수를 담을지 정해요!
저희는 6개의 행운 번호를 담을 배열이 필요하니 6개로 지정해주겠습니다.

int num[6]

단계별로 보면 이와 같지만, 코딩으로는 이것을 아래와 같이 한 줄로 표현합니다.

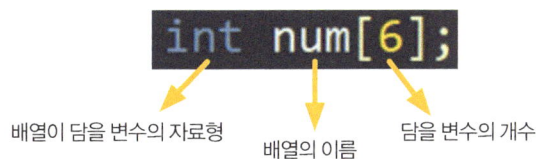

배열이 담을 변수의 자료형 배열의 이름 담을 변수의 개수

완성된 배열을 더 자세히 살펴보겠습니다.

배열과 인덱스

배열에는 '인덱스'라는 것이 존재합니다.
인덱스는 배열이 담은 변수의 순서입니다.

배열 속 여섯 개의 변수는 자동적으로 첫 번째부터
0, 1, 2, 3, 4, 5의 인덱스가 붙습니다.
※주의! 0이 첫 번째 순서입니다!

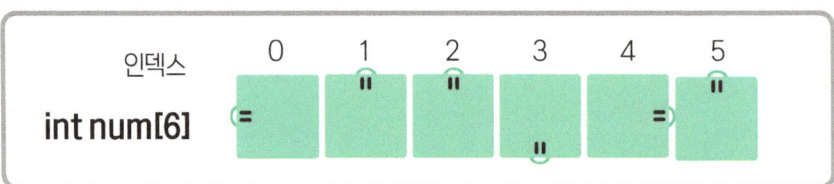

배열 속 변수의 이름

배열 속 변수의 이름은,
배열의 이름에 인덱스를 붙인 것입니다.

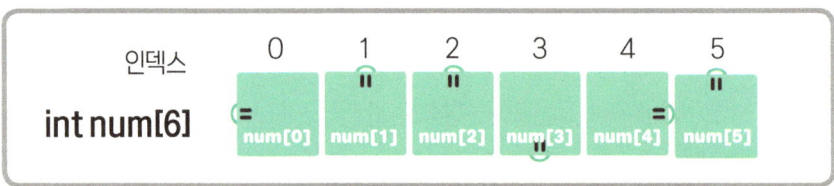

따라서, 배열의 첫 번째 변수에 랜덤값을 넣고 싶다면
아래와 같이 코딩하면 됩니다.

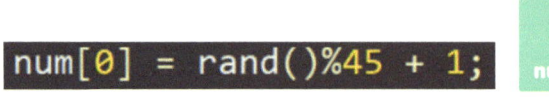
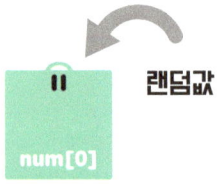

실습하기

그럼 이제, 배열을 사용하여 행운 번호 여섯 개를 담는 코드를 작성해 봅시다!

아까 보다는 짧지만,
그래도 생각보다 코드가 길어요.
더 줄일 수 있는 방법은 없을까요?

다음 방법에서 확인해보아요!

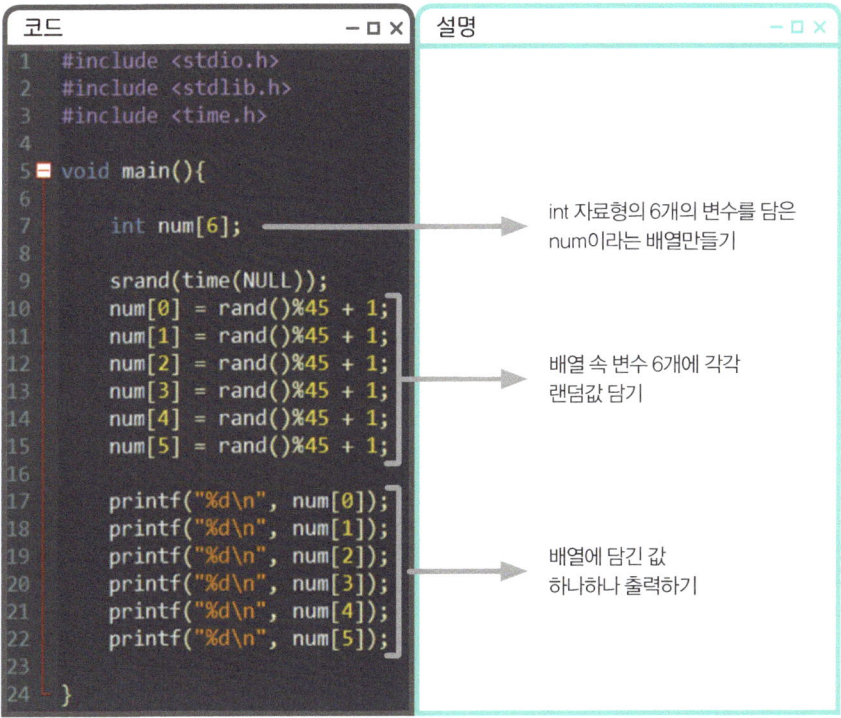

쉬어가기

정리하지 않고 가면 헷갈릴지도 몰라요!

3단계에서는 배열에 대해 배워보았죠?
배운 내용을 바탕으로 빈칸을 채워봅시다!

**1. 이름이 score이고, int형 변수를 4개 모아 놓은 배열입니다.
아래의 빈 칸을 채워보세요.**

`int ▢ [▢];`

**2. 이름이 val이고, int형 변수를 3개 모아 놓은 배열입니다.
각 칸에는 5, 2, 9라는 값이 들어있어요!**

배열의 인덱스 1에 담긴 값은 무엇일까요?

int val [3]

val [1] = ▢

정답: 1. score / 4   2. 2

자, 이제 반복문을 이용하여 코드를 좀 더 줄여볼까요?

방법 3) 배열에 반복문 이용하기

배열은, 반복문과 함께 쓸 때 최고의 성능을 보인답니다.
반복문을 이용하기 전에 먼저 앞선 코드를 다시 보아요.

배열의
인덱스 ←

```
num[0] = rand()%45 + 1;
num[1] = rand()%45 + 1;
num[2] = rand()%45 + 1;
num[3] = rand()%45 + 1;
num[4] = rand()%45 + 1;
num[5] = rand()%45 + 1;
```

무언가 반복되는 꼴이 보이시나요?
배열의 인덱스 외에는 모두 같은 코드입니다.

횟수를 세어줄 변수 i를 이용하여, 배열의 인덱스를 바꿔가며 랜덤값을 넣어봅시다!
※138쪽을 참고하세요.

```
for(i=0;i<숫자;i++){
    num [ i ] = rand( )%45 + 1;
}
```

반복문을 이용해서 배열을 사용하는 가장 큰 특징은,
배열의 인덱스에 i가 들어가는 것입니다.
i가 1씩 증가하면서, 배열의 첫 번째 칸부터 차례대로 랜덤값을 채우는 것이지요.
코드를 읽으며 흐름을 따라가보세요!

```
int num[6];
int i=0;
srand(time(NULL));

for(i=0; i<6; i++){
    num[i] = rand()%45 + 1;
    printf("%d\n", num[i]);
}
```

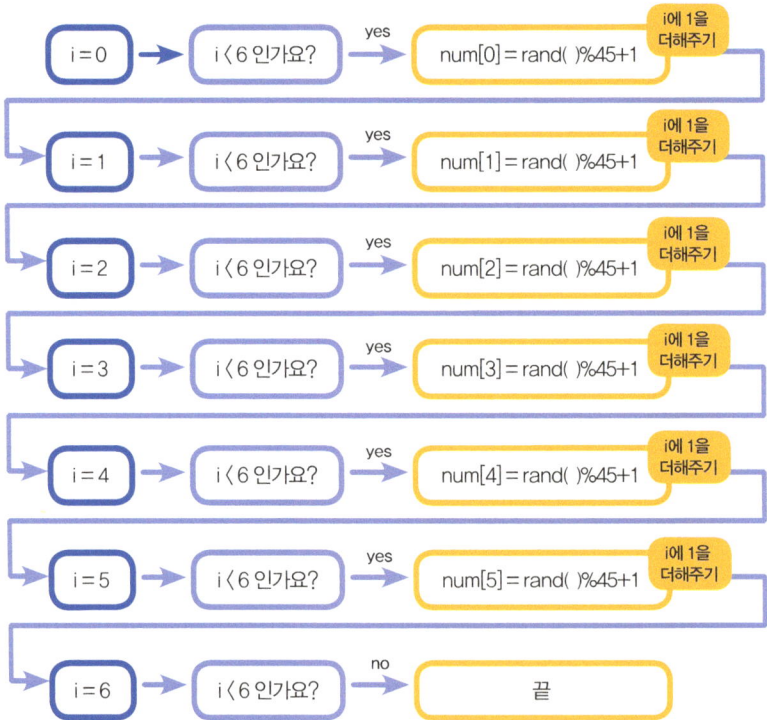

실습하기

자, 이제 배열에 값을 담는 방법까지 배웠으니,
불친절한 행운 번호 추첨기를 동작시켜보아요!

출력되는 화면
```
12
34
1
33
25
44
```

코드
```c
#include <stdio.h>
#include <stdlib.h>
#include <time.h>

int main(){

    int num[6];
    int i=0;
    srand(time(NULL));

    for(i=0; i<6; i++){
        num[i] = rand()%45 + 1;
        printf("%d\n", num[i]);
    }
    return 0;
}
```

설명

- int 변수 6개를 담을 num이라는 배열 만들기
- 반복문용 변수 i 만들기
- 변수 i에 대한 반복 조건 만들기
- 배열 한 칸 한 칸 랜덤값 담기

C언어 마스터를 축하합니다!

1. C언어는 간편하다. (T / F)

2. C언어는 _____ 다.

3. 나는 C언어가 좋다. (Y / N)

**자, 어떠셨나요?
생각보다 컴퓨터가 스스로
하는 일이 없죠?**

나머지 연산도,
배열에 값을 담는 것도,
담은 값을 출력하는 것도!
여러분이 직접 컴퓨터에게
코딩으로 명령을 내려야만
컴퓨터에게 시킬 수 있습니다.

컴퓨터는 바보이니까요!

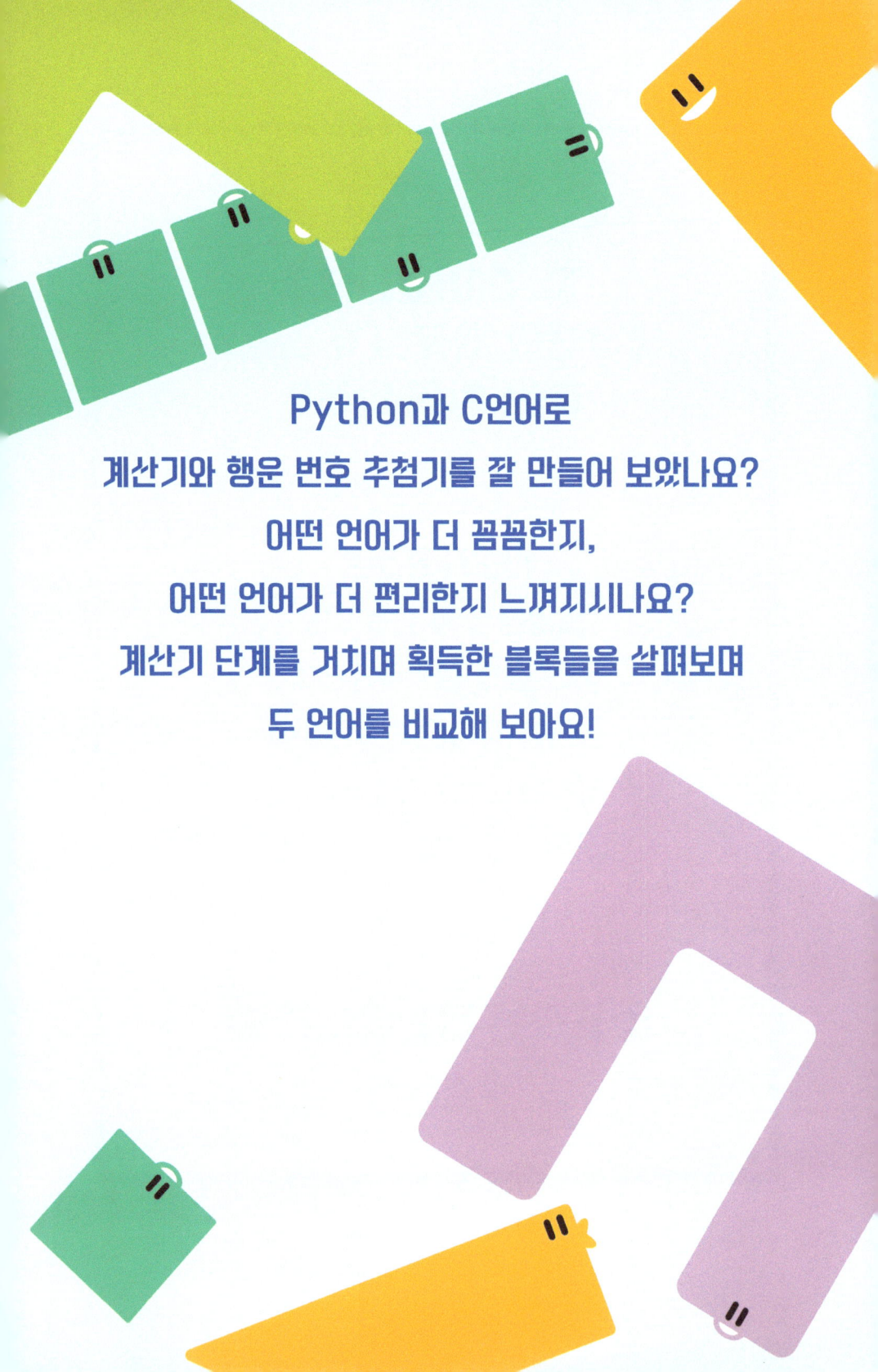

Python과 C언어로
계산기와 행운 번호 추첨기를 잘 만들어 보았나요?
어떤 언어가 더 꼼꼼한지,
어떤 언어가 더 편리한지 느껴지시나요?
계산기 단계를 거치며 획득한 블록들을 살펴보며
두 언어를 비교해 보아요!

🐥 복습하기

1단계 | 출력

우리는 계산기의 화면 역할을 하는 실행창에 숫자를 출력해보았습니다.

C언어　　　　　－ ☐ ✕		Python　　　　　－ ☐ ✕
`printf("%d",1);`	VS.	`print(1)`

2단계 | 변수

우리는 코딩의 '변수'를 이용하여, 컴퓨터에 원하는 숫자를 담아 주었습니다.

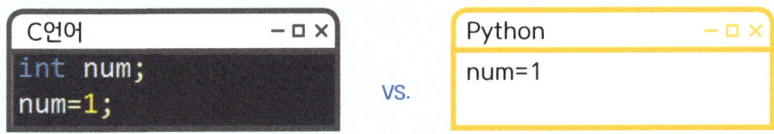

3단계 | 입력

우리는 코딩으로 컴퓨터 키보드를 이용해 숫자를 입력할 수 있도록 해주었습니다.

4 & 5단계 | 조건문 & 반복문

우리는 코딩으로, 덧셈과 뺄셈, 곱셈과 나눗셈을 해주었습니다. 또, 이를 원하는 만큼 반복할 수 있게 해주었습니다.

C언어　　　　　－ ☐ ✕		Python　　　　　－ ☐ ✕

`int i;`
`for(i=0; i<3; i++){`
`    if(oper=='+'){`
`        printf("+입니다.");`
`    }`
`}`
	VS.	`for i in range (0,3):`
		`    if(oper== '+'):`
		`        print("+입니다.")`

우리는 빠르게 변화하는 세상, 그리고 쏟아져 나오는 기술 속에서 살고 있습니다. 그런데 이 모든 기술에 프로그래밍이 필수라는 사실, 알고 계신가요? 제4차 산업혁명의 주인공인 6가지 기술에 대해 알아봅시다.

코딩으로 지구정복 100

"직접 해보는 것이에요"

- 000 인공지능
- 001 자율주행 자동차
- 010 피지컬 컴퓨팅
- 011 IoT
- 100 VR/AR
- 101 클라우드 컴퓨팅

000
인공지능인지 아닌지?

아아, 이제 인간의 세상은 끝났습니다.
인공지능이 나타났으니까요.

알파고는 바둑 영웅 이세돌을 이겼고,
시리는 사람처럼 농담까지 합니다.
인공지능에게 우리의 직업을 빼앗기기 전에
인공지능의 정체를 알아봅시다.

인공지능이란, 인간의 지능을 본 딴 기술입니다.

인간은 귀찮은 일을 싫어합니다.
그래서 인간 대신 생각해주는 기술, 인공지능을 만들었습니다.
컴퓨터가 우리 대신 머리를 쓰길 바랐거든요.
인간만이 할 수 있을 것 같았던 인식, 추론, 일반화, 표현, 의사결정 등의
지능적인 과정을 컴퓨터로 만들었습니다.

지능은 학습을 통해 길러집니다.
그래서 우리는 컴퓨터를 학습시켜 지능을 발전시킵니다.
우리 뇌처럼 아주 복잡한 조건문을 만들어, 프로그램에 수천만의
데이터를 입력합니다. 프로그램은 그 데이터를 분류하기도 하고,
특징을 찾기도 합니다.
이처럼 컴퓨터가 학습하는 방식을 머신러닝(기계학습)이라 합니다.

그럼 딥러닝은 인공지능, 머신러닝과 무슨 관계일까요?

인공지능 인간의 지능을 본 딴 기술

머신러닝 컴퓨터가 다양한 방법으로 학습하는 방식

딥러닝 컴퓨터가 인간의 뇌를 모방해서 학습하는 방식

인공지능의 분야 중 하나가 머신러닝이고, 머신러닝의 분야 중 하나가 딥러닝입니다!

인공지능의 대표적인 예는 역시나 알파고겠죠. 요즘 자주 사용하는 인공지능 스피커도 있고, 스마트폰의 시리와 빅스비 등도 있죠. 뒤에서 나올 자율주행 자동차에도 인공지능이 필요합니다.

지구정복 연관검색어 : 머신러닝, 딥러닝, 빅데이터, 텐서플로우, 사이킷런

더 공부하고 싶다면?

인공지능을 직접 만들어보고 싶다면,
아래 내용을 참고하세요!
- 기계학습 경진대회 플랫폼 https://www.kaggle.com
- 인공지능/기계학습 이론에 대한 강의 https://www.coursera.org
- 참고도서 Introduction to Machine Learning with Python
  (파이썬 라이브러리를 활용한 머신러닝)

⟨참고도서⟩

001 자주자주 자율주행 자동차

서울에 사는 코기리는 부산에 사는 코니리를 만나러 가야해요. 하지만 피곤한 코기리, 자동차 버튼을 누르고 그대로 잠을 자네요?! 그런데 4시간을 자고 일어났더니 부산에 도착해 있었어요! 이게 어찌 된 일일까요?

코기리가 잠을 자며 부산까지 갈 수 있었던 이유는 바로 자율주행 자동차 덕분이에요. 자율주행 자동차는 '누군가가 운전하지 않아도 스스로 도로를 달리는 자동차'입니다.

자율주행 자동차에게도 사람의 눈, 두뇌, 손과 발 역할을 하는 부분들이 있기 때문에 이런 일들이 가능하게 되었습니다. 눈으로 인식하고, 두뇌로 판단하고, 손과 발을 움직여 이동하죠. 이 부분을 자세히 살펴볼까요?

눈

내장 카메라, 레이더, GPS 등의 다양한 센서는 자동차의 눈 역할을 합니다. 자신이 어디에 있는지, 주변엔 무엇이 있는지 '인식'합니다.

두뇌

전자 제어 장치(ECU)는 자동차의 두뇌 역할을 합니다. 인식한 것을 바탕으로 목적지에 안전하게 도착하기 위해서 어떻게 움직여야 하는지 '판단'하고 '제어'하지요!

손과 발

엔진과 브레이크 등의 자동차 부품은 자동차의 손과 발 역할을 합니다. 두뇌에서 내린 판단을 바탕으로 제어됩니다.

+통신

통신을 이용하면 자율주행 자동차의 '인식', '판단', '제어' 정보를 다른 자동차나 길을 걷는 사람, 도로의 시설물 등과 공유할 수 있어요! 이러한 기술을 V2X라고 합니다. 다양한 정보를 공유함으로써 더욱 정확한 환경 인식이 가능하게 됩니다.

구글, 애플, 네이버 같은 IT 기업과 현대, BMW, 벤츠 같은 자동차 기업 등 많은 세계적 회사들이 개발에 열을 올리고 있는 자율주행 기술. 잘 알아 두면 좋겠죠?

지구정복 연관검색어 : ECU, V2X, 임베디드 소프트웨어, 디지털 신호처리

더 공부하고 싶다면?

자율주행 자동차는 첨단 기술의 집합체입니다. 인공지능, 클라우드 컴퓨팅, 통신, 디지털 신호 처리, 기계를 제어할 수 있는 임베디드 소프트웨어 등이 모두 이용됩니다. 원하는 기술을 먼저 고르고, 검색해 보세요!

010 피직..피지직.. 피지컬 컴퓨팅

코기리가 주섬주섬 장을 보러 나갈 준비를 합니다. 신발을 신으려고 움직였더니, 어두컴컴한 현관에 불이 들어왔어요. 재료를 사려고 마트 앞에 도착했는데, 닫혀 있던 문이 자동으로 열렸어요. 이런 편리한 일들은 모두 피지컬 컴퓨팅과 관련이 있답니다!

피지컬 컴퓨팅은 다양한 센서를 이용하여 정보를 입력받아 컴퓨터로 처리하고 다양한 방식으로 출력해주는 기술입니다. 입력과 출력의 예시를 살펴볼게요.

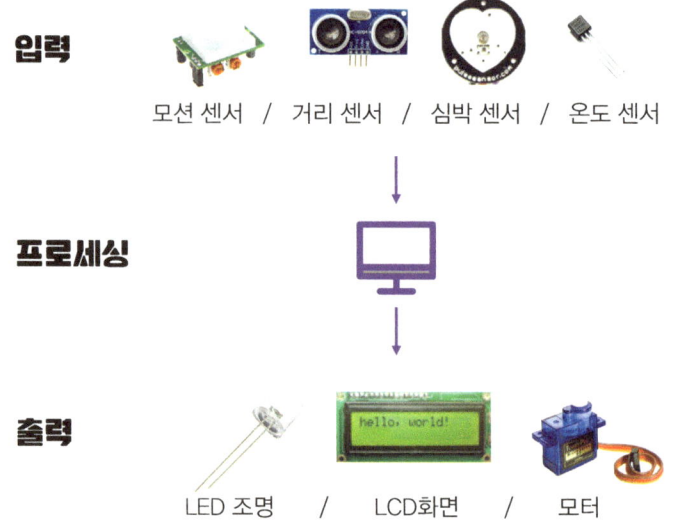

사람의 움직임을 모션 센서로 입력받아 LED 조명의 불을 켜는 것처럼 다양한 입력과 출력 방식을 이용하는 것이 피지컬 컴퓨팅이랍니다!

더 공부하고 싶다면?

피지컬 컴퓨팅은 저렴한 비용으로 아주 쉽게 실습해볼 수 있어요.
'아두이노'를 이용한다면 말이죠!
아두이노는 작은 컴퓨터입니다. 입력값을 처리하여 출력값을 내보내는 기능을 하죠.

아두이노에 명령을 내리기 위해서는 아두이노 전용 IDE가 필요합니다. 아두이노 IDE에 C++로 코드를 입력하여 실행하면, 아두이노가 동작합니다.

사람의 움직임을 감지하여 자동으로 켜지는 현관문 조명을 만드는 방법을 알아볼까요?

1. 아두이노에 입력 장치인 모션 감지 센서를 연결하고, 출력 장치인 LED를 연결합니다.

2. 그리고 Arduino IDE를 통해 아두이노에 '코딩'으로 명령을 내리면 됩니다. '현관에 모션이 감지가 된다면 LED 불을 밝혀라'라는 명령을 내려 현관문 조명을 만들 수 있겠죠!

아주 간단하죠? 이렇게 편리한 피지컬 컴퓨팅을 직접 느껴보고 싶다면, 아래의 검색어를 찾아보세요!

> **지구정복 연관검색어** : 아두이노, 아두이노 독학, 센서, 모션 감지 센서, 초음파 센서, LED, Arduino IDE

011
요즘 HOT한 IoT

침대에 누워 있던 코기리는 불을 끄고 싶었어요. 그래서 들고 있던 스마트폰의 앱에 접속해서 버튼을 눌렀습니다. 그러자 전등과 TV 가 탁! 꺼졌습니다. 어떻게 이런 일이 가능한 걸까요?

IoT(사물인터넷)는 Internet of Things의 줄임말로, 여러 사물들을 인터넷으로 연결해주는 기술입니다. 인터넷이 사물들을 연결하면, 사물들은 서로 정보를 주고받으며 인간에게 필요한 서비스를 제공할 수 있게 됩니다.

각 사물에는 센서와 통신기능이 있습니다. 사물은 센서를 통해 주변의 정보를 수집할 수 있고, 통신기능을 통해 다른 사물들과 정보를 주고받을 수 있습니다.

사물인터넷은 다양한 산업에서 쓰일 수 있습니다. 현재 주요 분야로는 스마트 헬스케어(Smart Healthcare), 스마트 홈(Smart Home), 스마트 시티(Smart City), 커넥티드 카(Connected Car) 등이 있습니다.
앞으로 우리 생활 속 IoT의 미래를 상상해보세요!

스마트 헬스케어

스마트 홈

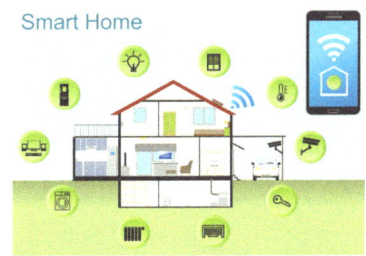

스마트 시티

지구정복 연관검색어 : 네트워크, 빅데이터, 인공지능, 보안, 피지컬 컴퓨팅

더 공부하고 싶다면?

IoT는 소프트웨어 기술과 하드웨어 기술의 집합체입니다. 사물에 센서와 통신 기능을 내장하여 인터넷에 연결하는 무선통신 기술과, 센서를 통해 받은 빅데이터를 처리하고 학습하는 인공지능 기술 등 다양한 기술이 필요합니다. 관심있는 분야의 기술을 검색해보세요!

100
이거 리얼? VR/AR

전세계를 강타한 포켓몬고, 다들 해보셨나요? 내 방안의 포켓몬이라니! 환상적이죠. 이렇게 내 주변에 포켓몬을 띄워주는 기술이 AR입니다. 그렇다면 VR 카페도 가보셨나요? 롯데월드에서 VR 놀이기구는 타보셨나요? 페이스북에서 VR영상은 보신 적 있나요? 분명 많이 들어는 봤는데, 도대체 VR은 뭘까요?

⟨VR⟩

먼저, VR과 AR은 다른 개념입니다.

VR(가상현실)은 VR 기계를 통해 가상의 상황을 만들어 사람이 진짜 그 상황을 겪는 것처럼 만드는 기술입니다. 집에서 롤러코스터를 타는 것처럼 느낄 수도 있죠! 가상의 상황을 실제처럼 느낄 수 있도록 사람의 시각 정보를 조절해서 3D 느낌을 주는 기술이 필요합니다.

[VR 활용 예시]

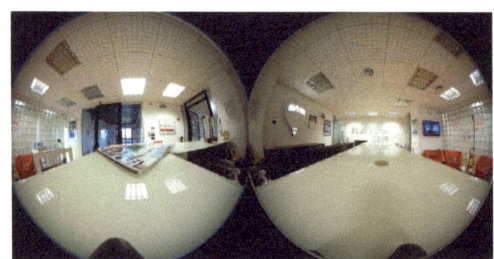

VR 화면

VR 기기

AR(증강현실)은 현실에 가상의 이미지를 겹쳐주는 기술입니다. 스마트폰, AR 기기를 통해 현실 이미지와 가상 이미지를 동시에 봅니다. 포켓몬이 내 방에 뿅! 그래서 원하는 사물 위에 가상의 이미지를 띄울 수 있게 하는 마커 인식 기술, 현실 위치를 파악하는 GPS 기술 및 가상의 이미지를 표현하는 CG기술 등이 필요합니다.

[AR 활용 예시]

지구정복 연관검색어 : CG(컴퓨터 그래픽스), 오큘러스(VR기기), 유니티, 마커 인식 기술

더 공부하고 싶다면?

Unity 3D는 VR/AR 등의 기술을 만들기 위한 플랫폼으로, 주로 C#을 사용해서 개발합니다. C#은 C에 기능을 더하고 더하고 더하고 더한 것이라 했죠?

〈참고도서〉

유니티 공식 사이트
https://unity3d.com

유니티 예시 코드 구매
https://assetstore.unity.com

101 뭉게뭉게 클라우드 컴퓨팅

예전에는 핸드폰을 잃어버리면 그 안에 있는 사진, 연락처 등 모든 것도 함께 잃어버리는 것이었죠. 하지만 지금은 핸드폰이 없어도 인터넷만 연결된다면 다른 기기에서 사진, 연락처, 일정을 확인할 수 있게 되었습니다. 어떻게 이것이 가능해졌을까요?

클라우드 컴퓨팅(Cloud Computing)은 인터넷 상의 서버를 통해 어디서나 IT 서비스를 이용할 수 있도록 만든 환경입니다. 구름과 같이 형태가 없는 곳에 정보를 저장하고 필요할 때 꺼내 쓸 수 있는 환경인 것이죠.

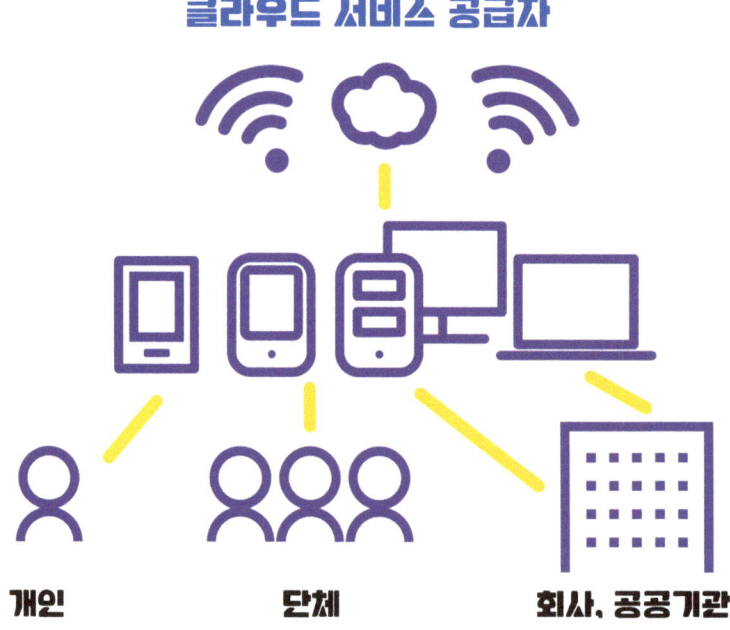

클라우드 서비스 공급자들은 저장소만 제공하는 것이 아니라, 서버, 데이터베이스, IT 서비스까지 제공합니다. 과거의 방식이라면 각각의 사용자가 이런 시스템을 구축했어야 했지만 이제는 그럴 필요가 없어진 것이죠!

지메일, 드롭박스, 네이버 클라우드처럼 소프트웨어를 웹에서 쓸 수 있도록 해주는 클라우드 서비스도 있고, AWS, MS, 구글처럼 서버나 저장소를 빌려주는 클라우드 서비스도 있답니다!

지구정복 연관검색어 : 빅데이터, 보안, 데이터 센터, 웹호스팅 서비스

더 공부하고 싶다면?

〈참고도서〉

<클라우드 컴퓨팅 구현 기술> 김형준, 조준호, 안성화, 김병준

클라우드 컴퓨팅의 개요와 속성에 대한 설명뿐만 아니라 시스템을 구축할 수 있는 아키텍처와 오픈소스에 대한 설명까지 포함되어 있습니다.

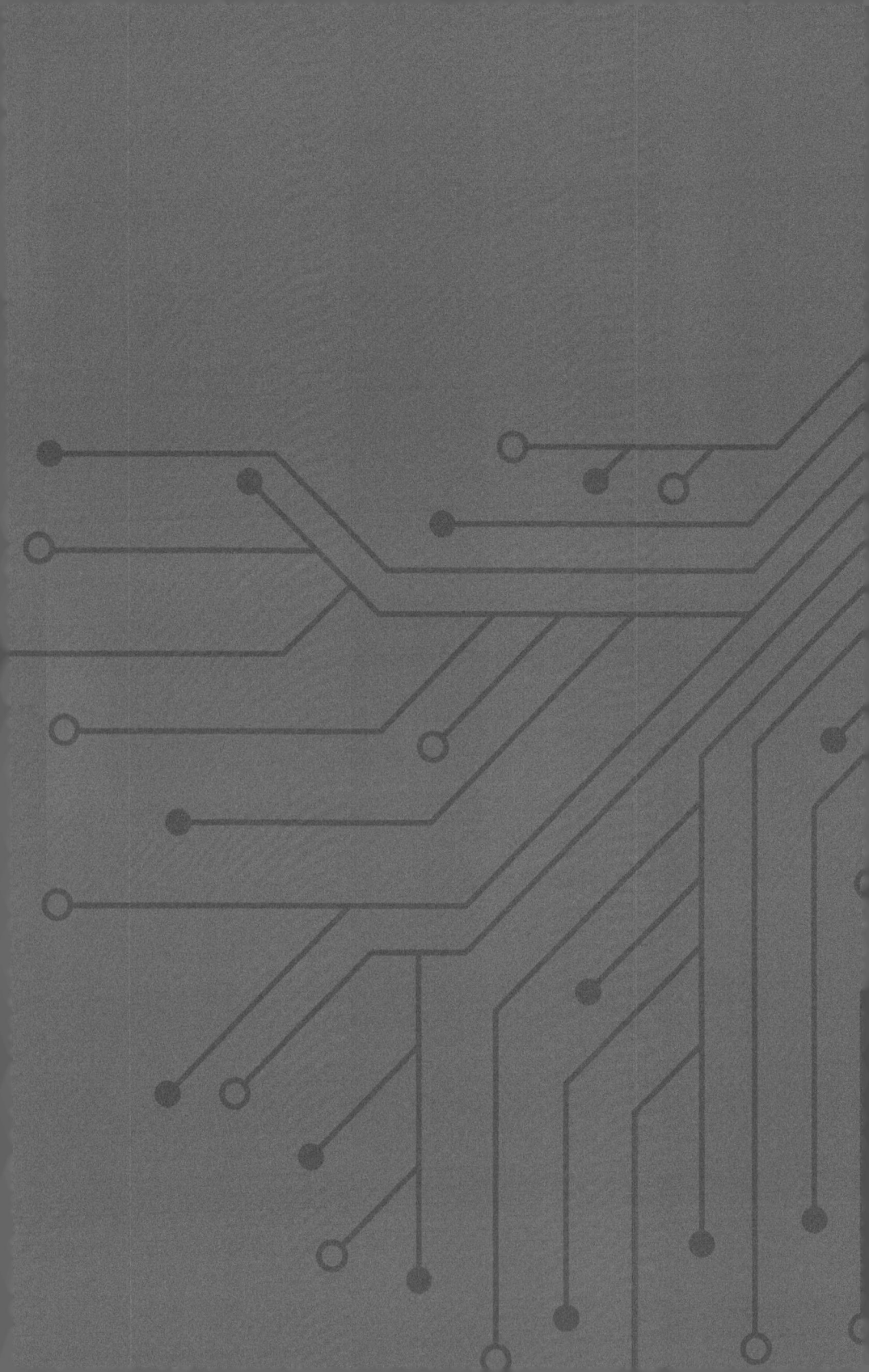

제 1회 모의고사
기초 영역

Part 1. 파이썬 영역

01 출력 결과가 123이 아닌 코드는?

① print(123)　　② print("123")
③ print("1"+"2"+"3")　④ print(1+2+3)

02 아래의 코드는 number라는 변수에 숫자 3을 저장하기 위한 코드이다. 빈 칸에 알맞은 문자를 고르시오.

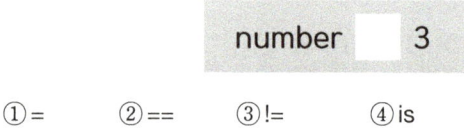

① =　　② ==　　③ !=　　④ is

03 아래의 코드를 통해 변수 a에 값을 입력 받으려고 한다. 빈칸에 들어갈 코드로 알맞은 것은?

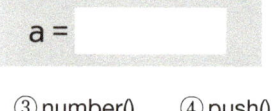

① int()　② input()　③ number()　④ push()

04 다음은 변수 n의 값을 확인하는 조건문이다. 빈칸에 들어갈 코드로 알맞은 것은?

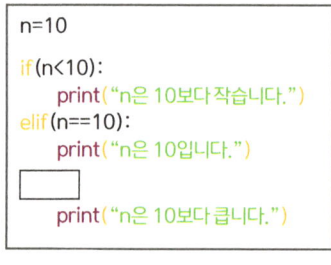

① else　② elif:　③ else:　④ also

05 다음 코드의 결과로 '파이썬 쨩!'이 나온 횟수는?

```
for i in range(1, 5):
    print("파이썬 쨩!")
```

① 2   ② 3   ③ 4   ④ 5

Part 2. C언어 영역

[6-10] 아래의 코드와 관련하여 다음 물음에 답하시오.

```
1  #include < ⓐ >
2
3  int main() {
4      char num1 = '1';
5      char num2 = '2';
6      int num3;
7
8      printf("%c + %c", num1, num2);
9
10     scanf("%d", ⓑ );
11
12     int i;
13     for (i = 0; i < 5; i++) {
14         printf("C언어 쨩! \n");
15     }
16
17     if (num3 < 10) {
18         printf("num3은 10보다 작습니다.");
19     }
20     ⓒ  (num3 == 10) {
21         printf("num3은 10입니다.");
22     }
23     else {
24         printf("num3은 10보다 큽니다.");
25     }
26
27     return 0;
28 }
```

06 1번째 줄 코드는 표준 입출력 라이브러리를 불러오는 코드이다. 빈칸ⓐ에 들어갈 코드로 알맞은 것은?

① stdio.h   ② studio.h
③ stdlib.h   ④ standard.h

07 8번째 줄 코드의 출력 결과로 알맞은 것은?

① 3
② 1 + 2 = 3
③ 1 + 2
④ num1 + num2

08 10번째 줄 코드는 변수 **num**3에 키보드로 숫자를 입력 받기 위한 코드이다. 빈칸 ⓑ에 들어갈 코드로 알맞은 것은?

① num3
② &num3
③ *num3
④ %num3

09 12~15번째 줄 코드는 C언어 짱을 여러 번 출력하기 위한 반복문이다. C언어 짱은 총 몇 번 반복되는가?

① 2　② 3　③ 4　④ 5

10 17~25번째 줄 코드는 입력 받은 **num**3 안의 값이 10보다 큰지, 같은지, 작은지 비교하는 코드이다. 빈칸 ⓒ에 들어갈 코드로 알맞은 것은?

① else if　② elif　③ else　④ also if

제 2회 모의고사
파이썬 영역

[1~2] 다음은 사용자의 이름과 나이를 입력 받아 출력하는 코드이다. 다음 문제에 답하시오.

```
name = ☐
age = ☐

print("당신의 이름은?")
print(name)
print("당신의 나이는?")
print(age)
```

01 위의 빈칸에 공통적으로 들어가야할 코드는?

① input()   ② scanf()
③ print()   ④ system.out.println

02 입력 받은 값을 이용해 사용자의 내년 나이를 출력하기 위한 코드는 아래와 같다. 빈칸에 들어가야 할 코드는?

```
print("내년의 나이는?")
print( ☐ )
```

① age++   ② age+1
③ int(age+1)   ④ int(age)+1

03 color라는 리스트에 red, yellow, green, blue, white, black 총 6개의 값이 담겨있다. 이때 다음 출력 값으로 알맞은 것은?

```
color=["red", "yellow", "green", "blue", "white", "black"]

print(color[0])
print(color[2])
print(color[6])
```

① red yellow black
② yellow green black
③ yellow blue IndexError
④ red green IndexError

04 아래의 코드에서 출력되는 결과로 알맞은 것은?

```
num = 10

if(num % 2 == 1):
    print("num은 홀수네요!")
elif(num % 2 == 0):
    print("num은 짝수네요!")
elif(num == 10):
    print("num은 10이군요!")
else:
    print("10보다 큰 숫자네요!")
```

① num은 홀수네요!
② num은 짝수네요!
③ num은 10이군요!
④ num은 짝수네요! num은 10이군요!

05 아래는 리스트를 이용한 반복문에 대한 코드와 그 결과이다. 다음과 같은 결과를 출력하기 위해 빈칸에 들어가야할 코드는?

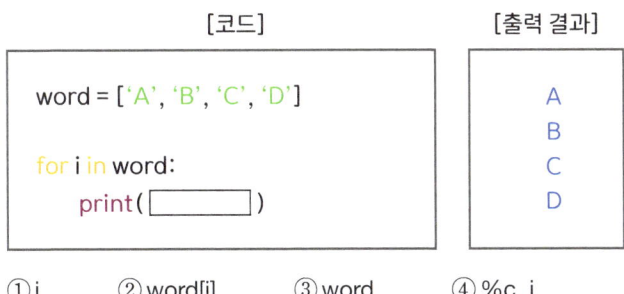

① i　　② word[i]　　③ word　　④ %c, i

06 다음은 반복문이 포함된 코드이다. '오예!'라는 출력값이 몇 번 나오는지 고르시오.

```
for i in range(1, 101):
    if(i%10==0):
        print("오예!")
```

① 101　　② 100　　③ 11　　④ 10

07 다음은 구구단 2단을 출력하는 코드와 그 결과이다.

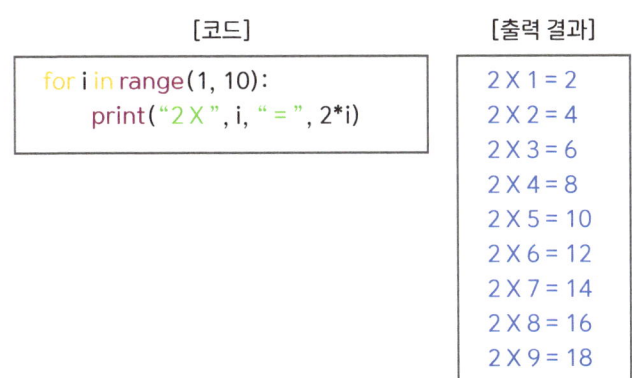

아래는 구구단을 위의 2단과 같은 형태로 1단에서 9단까지 모두 출력하는 코드이다. 빈칸에 들어갈 코드로 알맞은 것은?

```
for i in range(1, 10):
    print(i, "단")
    for j in range(1, 10):
        print( ⓐ , " X ", ⓑ , " = ", ⓒ )
    print("----------------")
```

	ⓐ	ⓑ	ⓒ
①	i	j	ixj
②	i	j	i*j
③	j	i	i*j
④	j	i	ixj

08 다음은 별(*)을 이용하여 삼각형을 만드는 코드이다. 아래의 출력값은 어떤 모양인지 고르시오.

```
for i in range(1, 8):
    for j in range(1, i+1):
        print("*", end="")
    print()
```

단, print 함수는 출력 후 자동으로 줄바꿈이 되는 함수이므로 자동으로 줄바꿈을 하지 않기 위해 end="" 를 추가하였음.

```
    ①              ②              ③              ④
*                        *    *******        *******
**                      **    ******          ******
***                    ***    *****            *****
****                  ****    ****              ****
*****                *****    ***                ***
******              ******    **                  **
*******            *******    *                    *
```

09 아래의 코드는 주사위를 굴려 나온 숫자를 맞추는 게임을 코딩한 것이다. 힌트를 참고하여 빈칸에 알맞은 코드를 써 넣으시오.

- random 모듈의 randint 함수를 사용해 랜덤으로 주사위를 굴려 나온 숫자를 정한다.
- 주사위에서 나올 수 있는 숫자는 1~6까지 이다.
- 주사위에서 나온 숫자와 내가 입력한 숫자를 if 함수를 사용해 비교할 수 있다.
- 출력 예시는 다음과 같다.

[출력 결과1]
주사위의 숫자는?
2
정답! 맞았어요!

[출력 결과2]
주사위의 숫자는?
4
아쉽게 틀렸어요!
주사위에서 나온 숫자는 3입니다

```
import random
number = random.☐
print("주사위의 숫자는?")
my_num=int(☐)
if(☐):
    print("정답! 맞았어요!")
else:
    print("아쉽게 틀렸어요!")
    print("주사위의 숫자는", number, "입니다")
```

제 3회 모의고사
C언어 영역

[1~2] 다음은 사용자의 나이와 키, 혈액형을 입력 받고 출력하는 코드이다. 다음 문제에 답하시오.

```c
#include <stdio.h>

int main(){

    int age;
    float height;
    char blood_type;

    printf("나이:");
    scanf("%d",ⓐage);
    printf("키:");
    scanf("%f",ⓐheight);
    fflush(stdin);
    printf("혈액형:");
    scanf("%c",ⓐblood_type);

    printf("나이: %ⓑ\n", age);
    printf("키: %ⓒcm\n", height);
    printf("혈액형: %ⓓ형\n", blood_type);

    return 0;
}
```

01 9~15번째 줄 코드의 빈칸ⓐ에 공통으로 들어갈 문자는?

① #   ② %   ③ &   ④ $

02 철수는 이 프로그램에 철수의 나이, 키, 혈액형을 아래와 같이 입력하여 다음과 같은 결과가 출력되었다. 결과를 참고하여 17~19번째 줄 코드의 빈칸에 들어갈 가장 알맞은 코드를 고르시오

[입력 값]
```
나이: 25
키: 177.5
혈액형: O
```

[출력 결과]
```
나이: 25
키: 177.500000 cm
혈액형: O형
```

	ⓑ	ⓒ	ⓓ
①	d	c	f
②	d	f	c
③	c	d	f
④	c	f	c

03 다음은 배열에 관한 코드이다. 아래의 코드에서 출력되는 결과로 알맞은 것은?

```c
#include <stdio.h>

int main(){

    int arr[10]={9,8,7,6,5,4,3,2,1,0};

    printf("%d\n", arr[0]);
    printf("%d\n", arr[2]);
    printf("%d\n", arr[8]);

    return 0;
}
```

① 0 2 8   ② 9 3 0   ③ 0 1 7   ④ 9 7 1

04 아래의 코드에서 출력되는 결과로 알맞은 것은?

```c
#include <stdio.h>

int main(){

    int num=123;
    num=num/10;
    num=num%5;

    printf("%d",num);

    return 0;
}
```

① 1   ② 2   ③ 3   ④ 4

05 다음은 조건문이 포함된 코드이다. 아래의 코드에서 출력되는 결과로 알맞은 것은?

```c
#include <stdio.h>

int main(){

    int a=5;
    int b=10;

    if(a>10){
        printf("1");
    }
    else if(a<5 && b==10){
        printf("2");
    }
    else if(a>1 && b==10){
        printf("3");
    }
    else{
        printf("4");
    }

    return 0;
}
```

① 1　　② 2　　③ 3　　④ 4

06 아래는 구구단 8단을 출력하는 코드와 출력된 결과이다. 빈칸에 들어갈 코드로 알맞은 것은?

[코드]

```c
#include <stdio.h>

int main(){

    int i;
    for(            ){
        printf("8 X %d = %d\n", i, 8*i);
    }

    return 0;
}
```

[출력 결과]

```
8 X 1 = 8
8 X 2 = 16
8 X 3 = 24
8 X 4 = 32
8 X 5 = 40
8 X 6 = 48
8 X 7 = 56
8 X 8 = 64
8 X 9 = 72
```

① i=0; i<9; i++   ② i=1; i<10; i++
③ i=0; i<10; i++   ④ i=1; i<9; i++

07 다음은 구구단 2단부터 9단까지 모두 출력하는 코드이다. 단, 구구단의 형태는 6번 문제의 8단 결과와 같은 형태로 9단까지 모두 출력하고자 한다. 빈칸에 들어갈 알맞은 코드는?

```c
#include <stdio.h>

int main(){

    int i, j;

    for(i=ⓐ; i<ⓑ; i++){
        for(j=ⓒ; j<ⓓ; j++){
            printf("%d X %d = %d\n", i, j, i*j);
        }
        printf("\n");
    }

    return 0;
}
```

	ⓐ	ⓑ	ⓒ	ⓓ
①	2	10	1	10
②	2	9	2	10
③	1	10	1	10
④	1	9	2	10

08 아래의 코드에서 출력되는 결과로 알맞은 것은?

```c
#include <stdio.h>

int main(){

    int i, j;
    for(i=1; i<5; i++){
        for(j=0; j<i; j++){
            printf("*");
        }
        printf("\n");
    }

    return 0;
}
```

①
```
*
**
***
****
```

②
```
****
***
**
*
```

③
```
*
**
***
****
*****
```

④
```
*****
****
***
**
*
```

09 아래의 코드는 컴퓨터가 선택한 숫자를 맞추는 게임을 코딩한 것이다. 힌트를 참고하여 빈칸에 알맞은 코드를 써 넣으시오.

-컴퓨터는 랜덤으로 1부터 5까지의 숫자를 생성한다.
-사용자는 컴퓨터가 생성한 숫자를 맞춰야 한다.
-출력 예시는 다음과 같다.

```
컴퓨터가 선택한 값은?4
땡! 정답은 1입니다..
```

```
컴퓨터가 선택한 값은?1
정답!
```

```c
#include <stdio.h>
#include <stdlib.h>
#include <time.h>

int main(){

    int num;
    int my_num;

    srand(time(NULL));
    num=rand()%5+1;

    printf("컴퓨터가 선택한 값은?");
    scanf("%d",&my_num);

    if(            ){
        printf("정답!");
    }
    else{
        printf("땡! 정답은 %d입니다..",num);
    }

    return 0;
}
```

제 1회 모의고사
기초 영역 정답 및 해설

모의고사 정답확인

[빠 른 정 답]
1. ④   2. ①   3. ②   4. ③   5. ③
6. ①   7. ③   8. ②   9. ④   10. ①

Part 1. 파이썬 영역

01 ④

PYTHON 실전 개발 :

계산기 > 1단계 출력 > 숫자 연산 출력하기

문자를 +로 이어서 출력하게 되면, 모든 문자가 이어서 나오게 됩니다. ③번은 각각 문자인 "1", "2", "3"을 +기호로 이었기 때문에 각 문자가 이어진 123이 출력됩니다.

④번은 숫자인 1, 2, 3을 더했기 때문에 더한 결과인 6이 출력됩니다.

[출력 결과]
① 123
② 123
③ 123
④ 6

02 ①

PYTHON 실전 개발 :

계산기 > 2단계 변수 > 변수 사용법

변수에 값을 저장할 때는 = 기호를 사용해 저장합니다. ==은 '좌변과 우변의 값이 같다' 라는 뜻을 나타냅니다.

03 ②

PYTHON 실전 개발 :
계산기 > 3단계 입력 > input 함수 사용법

변수에 값을 입력 받을 때는 input() 함수를 사용합니다.

04 ③

PYTHON 실전 개발 :
계산기 > 4단계 조건문 > 여러 가지 조건 사용

if 조건문은 첫번째 조건을 입력하는 if문과 그 다음 조건을 입력하는 elif문, 그리고 모든 조건이 맞지 않을 때 나머지 조건인 else문으로 이루어져 있습니다.
이때, 콜론(:) 을 통해 조건문과 실행문을 나누기 때문에 꼭 조건구문이 끝난 후 콜론을 붙여주어야 합니다.

[정답 코드]

```
n=10
if(n<10):
    print("n은 10보다 작습니다.")
elif(n==10):
    print("n은 10입니다.")
else:
    print("n은 10보다 큽니다.")
```

[출력 결과]

```
n은 10입니다.
```

05 ③

PYTHON 실전 개발 :
계산기 > 5단계 반복문 > 반복문 사용법

range 함수는 첫번째 숫자 이상, 두번째 숫자 미만의 범위를 나타냅니다. 따라서 range(1, 5)는 1이상 5미만의 범위이므로 1, 2, 3, 4의 범위를 나타냅니다. 따라서 총 4번의 반복이 이루어집니다.

[출력 결과]

파이썬 짱!
파이썬 짱!
파이썬 짱!
파이썬 짱!

Part 2. C언어 영역

06 ①

C 실전 개발 :

계산기 > 시작하기 > 표준 입출력 라이브러리

C언어 코드의 맨 첫줄에 쓰이는 #include <stdio.h>의 stdio는 standard input & output으로 표준 입출력 라이브러리라고 부릅니다. 이 라이브러리는 printf(), scanf()와 같은 입력, 출력 함수를 저장한 곳으로 표준 입출력 라이브러리를 통해 우리는 이러한 함수를 직접 정의하지 않고 호출만 하여 사용할 수 있습니다.

07 ③

C 실전 개발 :

계산기 > 1단계 출력 > 숫자와 문자 함께 출력하기

printf() 함수에서 변수 자리가 여러 개 있을 땐, 순서대로 변수를 대입해줍니다. 따라서 각각의 %c 문자 자리에 순서대로 num1의 값, num2의 값을 출력하므로, 1+2가 출력됩니다.

08 ②

C 실전 개발 :

계산기 > 3단계 입력 > scanf 함수 사용법

scanf( ) 함수는 printf( ) 함수와 비슷한 형태이지만, 입력 받은 값을 넣을 변수 이름 앞에 &를 붙여 다음과 같은 형태로 사용합니다.

printf("%변수 자리", 변수 이름);

scanf("%변수 자리", &변수 이름);

09 ④

C 실전 개발 :

계산기 > 5단계 반복문 > 반복문 사용법

해당 for문은 i=0 부터 i<5 일 때 까지 i를 1씩 늘려가며 반복을 하기 때문에 i=0,1,2,3,4 가 되어 총 5번 반복하게 됩니다.

10 ①

C 실전 개발 :

계산기 > 4단계 조건문 > if와 else if

if 조건문 구문은 첫번째 조건을 입력하는 if문과 그 다음 조건을 입력하는 else if문, 그리고 모든 조건이 맞지 않을 때 나머지 조건인 else문으로 이루어져 있습니다.

[정답 코드]

```
#include <stdio.h>

int main() {
    char num1 = '1';
    char num2 = '2';
    int num3;

    printf("%c + %c", num1, num2);
    scanf("%d", &num3);

    int i;
    for (i = 0; i < 5; i++) {
        printf("연산 중 \n");
    }

    if (num3 < 10) {
        printf("num3은 10보다 작습니다.");
    }
    else if (num3 == 10) {
        printf("num3은 10입니다.");
    }
    else {
        printf("num3은 10보다 큽니다.");
    }

    return 0;
}
```

제 2회 모의고사
파이썬 영역 정답 및 해설

[빠 른 정 답]

1. ①   2. ④   3. ④   4. ②   5. ①
6. ④   7. ②   8. ①   9. 해설 참조

01 ①

PYTHON 실전 개발:

계산기 > 3단계 입력 > input 함수 사용법

사용자에게 문자나 숫자를 입력 받기 위해서는 변수 = input() 형태로 코드를 작성해야 합니다. 이때 입력한 문자나 숫자는 각각 순서대로 변수에 담기게 됩니다.

[정답 코드]

```
name = input()
age = input()

print("당신의 이름은?")
print(name)
print("당신의 나이는?")
print(age)
```

02 ④

PYTHON 실전 개발:

계산기 > 3단계 입력 > 입력값을 숫자로 받기

내년의 나이를 출력하기 위해서는 앞서 입력 받은 age 변수 값에 1을 더한 값을 출력해야 합니다.

이때 컴퓨터는 input() 함수를 통해 입력 받은 값은 문자로 받아들이기 때문에 숫자 1을 더하기 위해서는 입력 받은 값을 int() 함수를 이용하여 숫자로 바꿔줘야 합니다.

따라서, int(age)를 통해 변수 age 안의 값을 숫자로 바꾼 후 1을 더한 int(age)+1 이 정답이 됩니다.

[정답 코드]

```
print("내년의 나이는?")
print(int(age)+1)
```

03 ④

PYTHON 실전 개발:

행운 번호 추첨기 > 리스트 더 알아보기 > 리스트와 인덱스

리스트의 순서 즉, 인덱스는 0부터 시작하게 됩니다. 따라서 color 리스트 안의 0번째 값은 red, 1번째 값은 yellow, … , 5번째 값은 black이 됩니다. 이때 6번째 값이 없기 때문에 color[6]을 출력하게 되면 index error가 발생하게 됩니다.

04 ②

PYTHON 실전 개발:

계산기 > 4단계 조건문 > 여러가지 조건 사용하기

if, elif, else로 이어지는 조건문은 위에서부터 차례로 조건을 확인합니다. 이때 맞는 조건을 찾게 되면 아래에 다른 조건이 남았더라도 조건문을 빠져나가게 됩니다. 문제에서는 첫번째 조건인 num%2==1이 거짓이기 때문에 두번째 조건을 확인하고, 두번째 조건인 num%2==0 이 참이므로 아래의 조건들을 확인하지 않고 조건문을 나가게 됩니다.

따라서, 세번째 조건인 num==10 은 참이지만 두번째 조건 까지만 확인했으므로 "num은 10이군요!" 가 출력되지 않게 되는 것이죠.

추가로, num%2 는 num을 2로 나눈 나머지를 뜻합니다. 짝수는 2로 나눈 나머지가 0이고, 홀수는 2로 나눈 나머지가 1입니다.

05 ①

PYTHON 실전 개발:

행운 번호 추첨기 > 더 알아보기 > 리스트에 반복문 사용하기

for문에서 리스트를 이용하여 범위를 지정하게 되면, i는 리스트 안의 값을 하나씩 불러오게 됩니다.

따라서 A, B, C, D 결과를 출력하기 위해서는 print(i)를 통해 i의 값을 출력해야 합니다.

```
word = ['A', 'B', 'C', 'D']

for i in word:
    print(i)
```

06 ④

PYTHON 실전 개발:

계산기 > 5단계 반복문 > 반복문이 품은 변수 i 확인하기

for i in range(a, b): 형식의 반복문에서는 i가 a 이상, b 미만이 될 동안 반복하기 때문에 총 (b-a)번 반복하게 됩니다. (단, b>a)

따라서 for i in range(1, 101): 반복문에서는 (101-1)번 즉, 100번 반복하게 됩니다.

이때 반복문 안의 조건문에서 i%10==0 일 때만 "오예!"를 출력한다고 되어 있습니다. i%10은 i를 10으로 나눈 나머지를 뜻하며 i%10==0 은 i가 10의 배수 일 때를 뜻하므로 1에서 100까지 중 10의 배수인 경우만 "오예!"를 출력하게 됩니다.

따라서 i가 10, 20, 30, …, 100인 경우만 "오예!"를 출력하므로 총 10번 출력하게 됩니다.

07 ②

PYTHON 실전 개발:

계산기 > 5단계 반복문 > 반복문이 품은 변수 i 확인하기

문제의 코드는 이중 반복문으로, 바깥쪽 for문은 구구단의 단수를 결정하고, 안쪽 for문은 구구단 곱셈 식과 결과를 출력합니다.

예를 들어 i가 1일 때, j는 1부터 9까지 반복하며 1단을 출력합니다.

따라서, 2단 예시 결과와 같은 형식으로 구구단을 출력하기 위해선 i x j = i*j 순서로 출력을 해야 하며, 실제 곱셈은 x가 아닌 * 연산자로 계산하게 됩니다.

아래의 실행 순서 표를 보며 차근 차근 생각해보세요!

[정답 코드]

```
for i in range(1, 10):
    print(i, "단")
    for j in range(1, 10):
        print( i , " X " , j , " = " , i*j)
    print("---------------")
```

[실행 순서표]

실행 순서	i	j	i*j
1	1	1	1
2		2	2
3		3	3
4		4	4
5		5	5
6		6	6
7		7	7
8		8	8
9		9	9
10	2	1	2
11		2	4
12		3	6
13		4	8
14		5	10
15		6	12
16		7	14
17		8	16
18		9	18
…	…	…	…
…	…	…	…
73	9	1	9
74		2	18
75		3	27
76		4	36
77		5	45
78		6	54
79		7	63
80		8	72
81		9	81
이중 반복문 종료			

08 ①

PYTHON 실전 개발:

계산기 > 5단계 반복문 > 반복문이 품은 변수 i 확인하기

문제의 코드는 이중 반복문으로, 안쪽 for문이 바깥쪽 for문의 변수 i의 값에 따라 반복 횟수가 달라진다는 것이 특징입니다.

예를 들어 i가 1일 때는 안쪽 for문 for j in range(1, 2): 가 되어 "*" 출력이 1번 반복되고, i가 2일 때는 안쪽 for문 for j in range(1, 3): 이 되어 "*" 출력이 2번 반복되게 됩니다. 따라서 i가 1일 때는 *이 1개, i가 2일 때는 *이 2개, … , i가 7일 때는 *을 7개 반복하게 되므로 아래로 갈 수록 별이 많아지며 왼쪽 정렬 되어있는 ①번 결과가 출력됩니다. 아래의 실행 순서표를 보며 차근차근 생각해보세요!

[실행 순서표]

실행 순서	i	j
1	1	1
2	2	1
3		2
4	3	1
5		2
6		3
7	4	1
8		2
9		3
10		4
…	…	…
…	…	…
16	6	1
17		2
18		3
19		4
20		5
21		6
22	7	1
23		2
24		3
25		4
26		5
27		6
28		7
이중 반복문 종료		

<이중for문 더 알아보기 - 별 찍기>

② 번

[출력]
```
      *
     * *
    * * *
   * * * *
  * * * * *
 * * * * * *
* * * * * * *
```

[코드]
```python
for i in range(1, 8):
    for j in range(1, 8-i):
        print(" ", end=" ")
    for k in range(1, i+1):
        print("*", end=" ")
    print()
```

③ 번

[출력]
```
* * * * * * *
 * * * * * *
  * * * * *
   * * * *
    * * *
     * *
      *
```

[코드]
```python
for i in range(1, 8):
    for j in range(1, 9-i):
        print("*", end=" ")
    print()
```

④ 번

[출력]
```
* * * * * * *
 * * * * * *
  * * * * *
   * * * *
    * * *
     * *
      *
```

[코드]
```python
for i in range(1, 8):
    for j in range(1, i):
        print(" ", end=" ")
    for k in range(1, 9-i):
        print("*", end=" ")
    print()
```

09

PYTHON 실전 개발:

행운 번호 추첨기 > 1단계 랜덤값 하나 뽑기 > 함수 사용법: 함수 '호출' 하기

코딩은 여러가지 방법으로 접근할 수 있고,

답이 정해져 있지 않습니다.

아래의 코드는 하나의 예시이므로 참고하여 여러분 만의 코드를 완성해보세요!

[정답 코드]

```python
import random
number = random.randint(1,6)

print("주사위의 숫자는?")

my_num=int(input())

if(number==my_num):
    print("정답! 맞았어요!")
else:
    print("아쉽게 틀렸어요!")
    print("주사위의 숫자는", number, "입니다")
```

[코드 해설]

```python
import random
```
random 모듈 안의 함수를 사용하기 위해 random 모듈을 추가합니다.

```python
number = random.randint(1,6)
```
random 모듈 안의 randint 함수를 이용하여 1부터 6까지의 숫자 중 랜덤으로 1개를 골라 number 변수에 저장합니다.

```python
my_num=int(input())
```
사용자에게 입력 받은 값을 int 함수를 이용하여 숫자로 변환한 후 my_num 변수에 저장합니다.

```python
if(number==my_num):
    print("정답! 맞았어요!")
else:
    print("아쉽게 틀렸어요!")
    print("주사위의 숫자는", number, "입니다")
```

만약, 변수 number 안의 값과 변수 my_num 안의 값이 같다면 "정답! …"을 출력하고,
같지 않다면 "아쉽게 틀렸어요!"를 출력한 후 주사위에서 나온 숫자를 알려줍니다.

제 3회 모의고사
C언어 영역 정답 및 해설

[빠 른 정 답]
1. ③   2. ②   3. ④   4. ②   5. ③
6. ②   7. ①   8. ①   9. 해설참조

01 ③

C언어 실전개발 :

계산기 > 1단계 출력 > 변수 출력하기

사용자에게 문자나 숫자를 입력 받기 위해서는 scanf() 함수를 사용해야 하며, scanf("%변수자리", &변수이름)의 형태로 코드를 작성해야 합니다.

02 ②

C언어 실전개발 :

계산기 > 3단계 입력 > 숫자 입력하기 & 문자 입력하기

printf() 함수를 이용해 출력을 할 때는 변수의 종류에 따라 변수자리를 다르게 지정해주어야 합니다.

정수 자리는 %d, 실수 자리는 %f, 문자 자리는 %c를 사용해야 합니다. 출력 결과에 따라 나이인 25는 정수 자리, 키인 177.500000은 실수 자리, 혈액형인 o는 문자 자리를 사용해야 합니다.

[정답 코드]

```c
#include <stdio.h>
int main(){
    int age;
    float height;
    char blood_type;

    printf("나이:");
    scanf("%d", &age);
    printf("키:");
    scanf("%f", &height);
    printf("혈액형:");
    fflush(stdin);
    scanf("%c", &blood_type);

    printf("나이: %d만\n", age);
    printf("키: %f cm\n", height);
    printf("혈액형: %c형\n", blood_type);

    return 0;
}
```

03 ④

C언어 실전개발 :

행운 번호 추첨기 > 3단계 > 배열과 인덱스

배열의 순서 즉, 인덱스는 0부터 시작하게 됩니다. 따라서 arr 배열 안의 0번째 값은 9, 2번째 값은 7, … , 8번째 값은 1, 9번째 값은 0이 됩니다.

04 ②

C언어 실전개발 :

행운 번호 추첨기 > 2단계 > 나머지 연산과 값의 범위

C언어에서 / 연산자는 몫을, % 연산자는 나머지를 나타냅니다. 또한 = 은 '같다'는 의미가 아닌 '저장한다' 또는 '대입한다' 라는 의미임을 명확히 해야 합니다.

[코드 해설]

```
int num=123;
```
num 이라는 이름의 정수형(int) 변수에 123 값을 저장합니다.

```
num=num/10;
```
변수 num 안의 값을 10으로 나눈 몫을 num 변수에 새로 저장합니다. num 값이 123이었기 때문에 10으로 나눈 몫인 12가 새로 저장됩니다.

```
num=num%5;
```
변수 num 안의 값을 5로 나눈 나머지를 num 변수에 새로 저장합니다. num 값이 12였기 때문에 5로 나눈 나머지인 2가 새로 저장됩니다. 따라서 num 값은 2가 됩니다.

05 ③

C언어 실전개발 :

계산기 > 4단계 조건문 > if와 else & if와 else if

a는 5, b는 10이기 때문에 a>10 인 첫번째 조건은 거짓이 되어 다음 조건을 확인합니다. 두번째 조건은 &&(그리고)로 이어진 a<5 && b==10 이기 때문에 a<5 조건과 b==10 조건이 모두 만족해야 합니다. 이때, a<5 조건이 거짓이므로 두번째 조건도 거짓이 되어 다음 조건을 확인합니다. 세번째 조건은 a>1 && b==10 으로 두 조건 모두 참이기 때문에 세번째 조건이 참이 되고, 뒤의 조건을 더 확인하지 않고 조건문을 빠져나가게 됩니다. 따라서 정답은 3이 됩니다.

06 ②

C언어 실전개발 :

계산기 > 5단계 반복문 > 반복문 사용법

for문 내부의 printf()문을 살펴보면 printf("8 X %d = %d", i, 8*i) 에서 i는 첫번째 정수 자리에 위치한다는 것을 알 수 있습니다. 출력 결과를 보면 구구단 8단은 1부터 9까지 곱해지므로 i 또한 1부터 9까지의 범위를 가진다는 것을 알 수 있습니다. 따라서 i=1; i<10; i++가 정답입니다.

<보기>   <범위>
① i=0; i<9; i++   i=0, 1, …, 8
② i=1; i<10; i++   i=1, 2, …, 9
③ i=0; i<10; i++   i=0, 2, …, 9
④ i=1; i<9; i++   i=1, 2, …, 8

[정답 코드]

```c
#include <stdio.h>

int main(){

    int i;
    for(i=1; i<10; i++){
        printf("8 X %d = %d\n", i, 8*i);
    }

    return 0;
}
```

07 ①

C언어 실전개발 :
계산기 > 5단계 반복문 > 반복문 사용법

문제의 코드는 이중 반복문을 사용한 구구단 출력 문제입니다. 6번 문제의 8단 결과를 살펴 보았을 때 전체적인 흐름은 8 X 1, 8 X 2, ..., 8 X 9 로 곱하기 기호의 앞쪽에 단수가, 뒤쪽에는 곱해지는 숫자가 들어가게 됩니다.

For문 안의 printf문을 살펴보면 printf("%d X %d = %d", i, j, i*j) 형태를 갖게 되고 6번 문제와 같은 형태로 진행되어야 하므로 첫번째 정수 자리인 i가 단수를 결정하게 되고, 두번째 정수 자리인 j가 곱하는 숫자가 됩니다. 따라서 i의 범위는 2부터 9까지가 되고, j의 범위는 1부터 9까지가 됩니다.

아래의 실행 순서 표를 보며 차근 차근 생각해보세요!

[정답 코드]

```c
#include <stdio.h>

int main(){
    int i, j;

    for(i=2; i<10; i++){
        for(j=1; j<10; j++){
            printf("%d X %d = %d\n", i, j, i*j);
        }
        printf("\n");
    }

    return 0;
}
```

[실행 순서표]

실행 순서	i	j	i*j
1	2	1	2
2		2	4
3		3	6
4		4	8
5		5	10
6		6	12
7		7	14
8		8	16
9		9	18
10	3	1	3
11		2	6
12		3	9
13		4	12
14		5	15
15		6	18
16		7	21
17		8	24
18		9	27
…	…	…	…
64	9	1	9
65		2	18
66		3	27
67		4	36
68		5	45
69		6	54
70		7	63
71		8	72
72		9	81
이중 반복문 종료			

08 ①

C언어 실전개발 :
계산기 > 5단계 반복문 > 반복문 사용법

문제의 코드는 이중 반복문으로, 안쪽 for문의 반복 횟수가 바깥쪽 for문의 변수 i의 값에 따라 달라진다는 것이 특징입니다.

예를 들어 i가 1일 때는 안쪽 for문의 범위가 for(j=0; j<1; j++)가 되어 1번 반복하고 i가 2일 때는 안쪽 for문의 범위가 for(j=0; j<2; j++)가 되어 2번 반복하게 됩니다.

i는 1에서 4까지 범위로, i가 1일 때는 반복을 1회 하여 별이 1개 찍히고 10번째 줄의 코드에 의해 줄바꿈이 일어납니다. 또, i가 2일 때는 반복을 2회 하여 별이 2개 찍히고 10번째 줄의 코드에 의해 줄바꿈이 일어납니다.

따라서, 별은 첫번째 줄에 1개, 두번째 줄에 2개, 세번째 줄에 3개, 네번째 줄에 4개가 찍혀 ①번 모양이 출력됩니다.

아래의 실행 순서 표를 보며 차근 차근 생각해보세요!

[실행 순서표]

실행 순서	i	j
1	1	0
2	2	0
3		1
4	3	0
5		1
6		2
7	4	0
8		1
9		2
10		3
이중 반복문 종료		

〈이중 for문 더 알아보기 - 별찍기〉

② 번

[출력]　　　　　　　[코드]

```
for(i=1; i<5; i++){
    for(j=0; j<5-i; j++){
        printf("*");
    }
    printf("\n");
}
```

③ 번

[출력]
```
*
**
***
****
*****
```

[코드]
```c
for(i=1; i<6; i++){
    for(j=0; j<i; j++){
        printf("*");
    }
    printf("\n");
}
```

④ 번

[출력]
```
*****
****
***
**
*
```

[코드]
```c
for(i=1; i<6; i++){
    for(j=0; j<6-i; j++){
        printf("*");
    }
    printf("\n");
}
```

09

C언어 실전개발 :
계산기 > 4단계 조건문 > if와 else

C언어 실전개발 :
행운 번호 추첨기 > 2단계 > 나머지 연산과 값의 범위

코딩은 여러가지 방법으로 접근할 수 있고,
답이 정해져 있지 않습니다.
아래의 코드는 하나의 예시이므로 참고하여 여러분 만의 코드를
완성해보세요!

```
1  #include <stdio.h>
2  #include <stdlib.h>
3  #include <time.h>
4
5  int main(){
6
7      int num;
8      int my_num;
9
10     srand(time(NULL));
11     num=rand()%5+1;
12
13     printf("컴퓨터가 선택한 값은?");
14     scanf("%d",&my_num);
15
16     if(my_num==num){
17         printf("정답!");
18     }
19     else{
20         printf("땡! 정답은 %d입니다..",num);
21     }
22
23     return 0;
24 }
25
```

```
int num;
int my_num;
```

\# 컴퓨터가 랜덤으로 선택한 값을 저장할 변수 num과 내가 입력할 값을 저장할 변수 my_num을 정의합니다.

[코드 해설]

```
srand(time(NULL));
num=rand()%5+1;
```

\# 1부터 5사이의 값을 랜덤으로 선택하여 변수 num에 저장합니다.

이때, 나머지 연산자(%)를 사용하여 0부터 4까지로 숫자의 범위를 제한하고, 1을 더하여 1부터 5까지의 범위로 바꿔줍니다.

더 자세한 내용은 책에서

C언어 실전개발 :

행운 번호 추첨기 > 2단계 > 나머지 연산과 값의 범위

부분을 참고해주세요!

```
printf("컴퓨터가 선택한 값은?");
scanf("%d",&my_num);
```

\# 내가 예상하는 숫자를 입력 받아 변수 my_num에 저장합니다.

```
if(my_num==num){
    printf("정답!");
}
```

\# 내가 선택한 숫자가 컴퓨터가 선택한 숫자와 같을 때 정답이므로 if 안의 조건문은 'my_num과 num이 같다.'가 되어야 합니다.

따라서 빈칸에 들어갈 코드는 my_num==num 입니다.

```
else{
    printf("땡! 정답은 %d입니다..",num);
}
```

\# 정답은 컴퓨터가 선택한 값이므로, %d 정수 자리에 들어가야 하는 변수는 num 입니다.

마치면서

안녕하세요. 코인:코딩하는 사람들입니다.
'코딩의 문턱을 낮추자'라는 생각으로 모인 6명이
코인을 이끈지 어언 1년이 훌쩍 넘었습니다.

그동안 청소년을 대상으로 하는 특강과 캠프,
그리고 이번 <코딩으로 지구정복>까지 쉼없이 달려왔습니다.

앞으로도 코인은 계속 달려 나갈 것이니
많은 기대와 관심 부탁드리겠습니다 :)

이 책을 읽으신 여러분들의 문턱이 조금은 낮춰졌기를 바라며,
책을 마무리 짓겠습니다.

마지막으로, 사랑스러운 코이니들에게 무한한 감사를 보냅니다.
감사합니다.

코인 페이스북_ 코인:코딩하는사람들
코인 인스타그램_ @coinclass
코인 홈페이지_ coin-class.com
무료 동영상 강의_ 유튜브에 <코딩으로 지구정복>을 검색해보세요.

글/그림·코인 : 코딩하는 사람들